RESEARCH ON
THE EVOLUTION AND
DEVELOPMENT OF
THE QUANTITATIVE
ANALYSIS METHOD IN
ECONOMICS

学科发展视角下大数据分析在现代经济研究中的应用

祝 歆 ◎ 著

经济管理出版社

图书在版编目（CIP）数据

学科发展视角下大数据分析在现代经济研究中的应用/祝歆著 .—北京：经济管理出版社，2023.4
ISBN 978-7-5096-8994-3

Ⅰ.①学… Ⅱ.①祝… Ⅲ.①数据处理—应用—经济管理—研究 Ⅳ.①F2-39

中国国家版本馆 CIP 数据核字（2023）第 068204 号

组稿编辑：王格格
责任编辑：王格格　张玉珠
责任印制：许　艳
责任校对：王淑卿

出版发行：经济管理出版社
　　　　　（北京市海淀区北蜂窝 8 号中雅大厦 A 座 11 层　100038）
网　　址：www.E-mp.com.cn
电　　话：（010）51915602
印　　刷：北京晨旭印刷厂
经　　销：新华书店
开　　本：720mm×1000mm/16
印　　张：12.25
字　　数：199 千字
版　　次：2023 年 5 月第 1 版　2023 年 5 月第 1 次印刷
书　　号：ISBN 978-7-5096-8994-3
定　　价：88.00 元

·版权所有　翻印必究·
凡购本社图书，如有印装错误，由本社发行部负责调换。
联系地址：北京市海淀区北蜂窝 8 号中雅大厦 11 层
电话：（010）68022974　邮编：100038

前　言

事物之间的数量关系从古至今一直在人类社会生活中占据重要地位。经济活动中广泛存在着普遍且复杂的数量关系，由于经济学是研究资源配置问题的学问，所以经济学自诞生起就与数量分析难解难分。时至今日，各种形式的数量分析法已经成为现代经济学研究重要的分析方法。

进入 21 世纪，大数据时代的到来给经济学研究带来了挑战，面对庞大的数据量、复杂的数据结构、灵活的变量关系，传统数量分析法已经无法适应这些新的变化。经济学研究需要寻找新的数量分析法来解决问题，机器学习方法随之被逐渐引入经济学研究中。然而任何学科理论、研究方法都不会凭空产生，而是有思想渊源的。因此，本书从经济思想史的视角出发，对数量分析法在经济学发展进程中的不同展现形式、所发挥的作用、变化的内在逻辑及现实需求等进行了梳理，按照时间维度分析了数量分析法在经济学研究中的演变与发展脉络，并且对大数据时代背景下经济学数量分析法的最新进展进行了讨论与分析。

古典经济学时期的数量分析主要通过文字及语言来描述经济定量关系，有时辅以数字举例说明。边际革命以后，数量分析的形式开始由量化语言的逐步向数学模型转变。20 世纪以后，数量分析法得到了进一步科学化和精确化，数量分析法的主流形式开始向两个方向发展：其一是数学模型在主流经济学派中被广泛运用，逐渐成为主要的数量分析形式；其二是从大量统计数据中总结经济规律的计量经济学飞速发展，甚至已经达到了"言必称计量"的程度。这两种主流的数量分析形式实质上是在相互促进中发展的。进入 21 世纪，大数据时代的到来又给传统经济学数量分析研究带来了挑战，机器学习方法被逐渐引入经济学研究中。本书通过文献计量的结果和具体案例的实证分析验证了这种新演进，并且在经济思想史的框架下阐述了机器学习给经济学研究带来的新变化。

总体来说，随着经济学中数量分析法的应用越来越广泛，数量分析法推动了经济学的科学化发展。经济学中数量分析法的发展变迁是经济学方法论、数量分析技术和统计数据三者共同作用的结果。虽然在数量分析法逐步成为经济学主要分析法的过程中，一直存在着质疑与反对的声音，但也正是这样的矛盾和争论推动了经济学的进步与发展。客观条件和研究环境的变化及经济学方法论的演进，都要求大数据时代经济学的数量分析法也要有相适应的变化，因此机器学习的应用正当其时。

本书在写作过程中，得到了北京大学杜丽群教授、李良志博士、张晓云博士及北京联合大学李雪岩副教授、陈春春博士的大力支持与帮助，在此对他们表示衷心的感谢。在全书撰写过程中，参考和引用了大量国内外相关论文著作，在此也对所有涉及的专家学者表示衷心的感谢。

最后特别指出，大数据分析与应用作为新兴领域正在蓬勃发展，需要不断面对新的知识，解决新的问题，但由于作者学识水平有限，书中不当之处在所难免，希望专家和读者不吝赐教。

祝 歆
2021 年 2 月

目　录

第一章　大数据分析概述 ·· 1

　　第一节　什么是大数据分析 ·· 1

　　第二节　大数据分析的过程、技术与难点 ·· 3

　　第三节　大数据分析的算法和模型 ·· 8

　　第四节　大数据分析在经济研究中的应用价值 ································· 9

第二章　古典及新古典经济学时期的数量分析 ···································· 11

　　第一节　古典经济学时期的数量分析 ··· 11

　　第二节　马克思政治经济学的数量分析 ··· 19

　　第三节　新古典经济学时期的数量分析 ··· 25

第三章　凯恩斯和后凯恩斯时期的数量分析 ·· 39

　　第一节　凯恩斯主义相关学派的数量分析 ····································· 39

　　第二节　自由主义相关学派的数量分析 ··· 50

　　第三节　其他学派经济的数量分析 ··· 61

第四章　计量经济学及其数量分析 ·· 71

　　第一节　经典计量经济学的形成和发展 ··· 71

　　第二节　现代计量经济学的形成及发展 ··· 75

　　第三节　计量经济学的挑战与展望 ··· 79

第五章　机器学习方法的兴起及其在经济学研究中的运用 ················ 84

　　第一节　机器学习的起源及其算法演进 ··· 84

第二节 机器学习应用于经济学研究的文献计量分析 …………… 89
第三节 机器学习在经济学中的典型应用领域 …………………… 93

第六章 数据挖掘方法的兴起及其在经济学研究中的运用 ………… 100
第一节 数据挖掘的起源及其算法演进 …………………………… 100
第二节 数据挖掘应用于经济学研究的文献计量分析 …………… 104
第三节 数据挖掘在经济学中的典型应用领域 …………………… 107

第七章 复杂网络方法的兴起及其在经济学研究中的运用 ………… 113
第一节 复杂网络方法的起源及其算法演进 ……………………… 113
第二节 复杂网络应用于经济学研究的文献分析 ………………… 116
第三节 复杂网络方法在经济学中的典型应用领域 ……………… 123

第八章 大数据分析在消费经济研究中的应用 ……………………… 136
第一节 消费行为预测的研究背景及现有计量方法 ……………… 136
第二节 网络消费预测的算法及模型 ……………………………… 138
第三节 基于机器学习的网络消费行为实证研究 ………………… 143
第四节 机器学习的应用总结及展望 ……………………………… 145

第九章 大数据分析在交通经济研究中的应用 ……………………… 150
第一节 交通经济预测的研究背景及现有计量方法 ……………… 150
第二节 交通经济预测的算法及模型 ……………………………… 154
第三节 基于复杂网络的交通经济实证研究
　　　　——以北京市公交网络为例 …………………………… 166
第四节 复杂网络的应用总结及展望 ……………………………… 172

参考文献 ……………………………………………………………… 175

第一章 大数据分析概述

第一节 什么是大数据分析

一、大数据的定义

"大数据"概念最早来源于2008年9月Nature刊登的"Big Data"专题。2011年Science推出"Dealing with Data"专题,对大数据的计算问题进行讨论。谷歌、雅虎、亚马逊等公司总结了利用海量数据为用户提供更加人性化服务的方法,并且完善了"大数据"的概念。

根据维基百科的定义,"大数据"是无法在可承受的时间范围内用常规软件工具进行捕捉、管理和处理的集合。

在维克托·迈尔·舍恩伯格和肯尼思·库克耶编写的《大数据时代》中,"大数据"指不采用随机分析法(抽样调查)这样的捷径,而是将所有数据进行分析处理。

"大数据"研究机构Gartner将"大数据"定义为需要新的处理模式才能具有更强的决策力、洞察发现力和流程化能力的海量、高增长率和多样化的信息资产。

二、大数据的背景

通俗来说,大数据是巨量的数据集。随着社会移动互联网的发展,信息化加快向社会经济及大众生活渗透，推进了大数据时代的到来。尤其是近年来，人们在生活中也能明显感受到大数据的影响力。据有关资料显示，1998年，全球网民平均每月使用流量1MB，2003年是100MB，而2014年是10GB；2001年仅一年的时间，全网流量累计达到1EB（即10亿GB）；而产生1EB流量在2004年需要一个月，在2013年仅需要一天，即一天产生的信息量可刻满1.88亿张DVD光盘。所以，大数据包含着巨量的信息。事实上，我国网民数居世界首位，产生的数据量也位于世界前列，这其中包括淘宝网站每天数千万次交易所产生的50TB数据、百度搜索页面每天生成的数据、街道摄像头每月产生的数据，以及医院门诊所记录的信息等。总之，大到学校、医院、银行、企业信息，小到个人的一次百度搜索、一次地铁刷卡，大数据存在于各行各业，存在于民众生活的方方面面。

大数据因自身可挖掘的高价值信息而受到重视。国家层面上实施"宽带中国"战略，云计算、物联网和移动互联网同时崛起，对于数据处理能力的要求迅速提升。当数据量积累到一定程度时，数据的资料属性会变得更加明确，展现出可挖掘的价值。与此同时，社会节奏的加快，要求反应速度的提升和精确度的提高，这需要借助对数据的有效分析进行科学的决策。因此，各学者和机构对庞大数据开发的关注暗示着大数据时代的到来。

有学者称，大数据将引发生活、工作和思维革命；《华尔街日报》将大数据定义为引领未来繁荣的三大技术变革之一；麦肯锡咨询公司的报告指出，数据是一种生产资料，大数据将是下一个创新、竞争、生产力提高的前沿；世界经济论坛发布的报告认为大数据是新财富，价值堪比石油；等等。因此，大数据的开发利用将成为各个国家抢占的新的制高点。

三、大数据分析的定义

数据分析是用适当的统计分析法对收集来的大量数据进行分析，从中提取有用的信息并形成结论从而对数据加以详细研究和概括总结的过程。

数据分析可以分为三个层次，即描述分析、预测分析和规范分析：

（1）描述分析是探索历史数据的情况并描述这其中的数据发生了什么变化，这一层次包括发现数据聚类的规律、挖掘相关规则与模式及数据可视化等。

(2) 预测分析用于预测未来的概率和趋势，如基于逻辑回归的预测、基于分类器的预测等。

(3) 规范分析根据期望的结果、特定场景、资源及对过去和当前事件的认知对未来的决策给出建议，如基于模拟的复杂系统分析和基于给定约束条件的优化解分析。

顾名思义，大数据分析是对规模巨大的数据进行分析。大数据分析是大数据到信息，再到结论并呈现知识至关重要的一步。

第二节 大数据分析的过程、技术与难点

一、大数据分析的过程

大数据分析的过程大致分为业务理解、数据收集与理解、数据准备、建模、评估和部署。

(一) 业务理解

在最开始的阶段，需要理解项目并且从业务角度去理解需求。与此同时，将与业务相关的知识应用在数据分析问题的定义与实现目标的计划上。

(二) 数据收集与理解

这一阶段从初始的数据收集开始，通过一些处理，需要达到了解数据和识别数据问题等目的；发现数据的内部属性，或是在假设的基础上探测引起兴趣的数据子集。

(三) 数据准备

数据准备阶段包括从未处理数据中构造最终数据集的所有活动。这些数据将是模型工具的输入值。这个阶段的任务，有的能执行多次，有的只执行一次，并没有固定顺序。其中，这些任务可以包括表、记录和属性的选择，及模型转换和数据清洗。

（四）建模

在建模时，可以选择和应用合适的模型技术使模型参数被调整到最优的数值。一些技术可以用来解决一类相同的数据分析问题，另一些技术则在数据的形成上存在一定的特殊要求，所以常常需要返回到数据准备阶段。

（五）评估

在最后完成模型之前，重要的事情就是评估模型，检查构造模型的步骤，确保模型可以达到业务目标的要求。这个阶段的关键目的是确定是否有重要的业务问题没有被充分考虑。在这个阶段结束后，该模型必须达到数据分析的各种要求。

（六）部署

通常，模型的创建不是项目的结束。模型的作用是从数据中找到知识。根据需求，这个阶段可以产生简单的报告，或实现一个比较复杂的、可重复的数据分析过程。在很多案例中，这个阶段是由客户而不是数据分析人员承担部署的工作。

二、大数据分析涉及的技术

大数据分析作为一项技术，有一些重要的应用，主要包括七类：

（一）数据采集

大数据采集是利用多个数据库来接收发自客户端（Web、App或传感器）的数据，并且用户可以通过这些数据库来进行简单的查询和处理工作。例如，电商会使用传统的关系型数据库MySQL和Oracle等存储每一笔事物数据。除此之外，Redis和MongoDB这样的NoSQL数据库也经常被用于数据的采集。阿里云的DataHub是一款数据采集产品，可以为用户提供实时数据的发布和订阅功能，输入的数据既可直接进行流式数据处理，也可参与后续的离线计算，并且DataHub同主流插件和客户端保持高度兼容。

在大数据的采集过程中，其主要特征和挑战是高并发，因为很可能会出现大量用户同时进行访问和其他操作的情况，如火车票售票网站和淘宝网，这些网站在同一时间并发访问量在峰值时能够达到上百万次，所以需要在采集端建立大量数据库才能支撑。另外，如何在这些数据库之间进行负载均衡和分布需要深入的思考和设计。ETL工具负责将分布的、异构数据源中的数据如关系数据、平面数据文件等抽取到临时中间层后进行清洗、转换、集成，最后加载到数据仓库或数据集市中，成为联机分析处理、数据挖掘的基础。

（二）数据管理

对大数据进行分析的基础是对大数据进行有效的管理，使大数据"存储得下、查询得到"，并且为大数据的高效分析提供基本数据操作（如Join和聚类操作）。实现数据有效管理的关键是数据组织，如今已经有了一系列大数据管理技术。但是伴随着大数据应用的越来越广泛、应用场景的多样化和数据的规模化，传统的关系数据库难以满足要求。继而学术界和实业界开发出了一系列新型数据库管理系统，如适用于处理大量数据的高访问负载及日志系统的键值存储数据库（Tokyo Cabinet/Tyrant、Redis、Voldemort、Oracle BDB）、适用于分布式大数据管理的列存储数据库（Cassandra、HBase、Riak）、适用于Web应用的文档型数据库（CouchDB、MongoDB、SquoiaDB）、适用于社交网络和知识管理的图形数据库（Neo4j、InfoGrid、Infinite Graph），这些数据库统称为NoSQL。面对大数据提出的挑战，学术界和实业界拓展了传统的关系数据库，即NewSQL，这是对各种新的可扩展/高性能数据库的简称，这类数据库不仅具有NoSQL对海量数据的存储管理能力，还保持了传统数据库支持ACID和SQL的特性。典型的NewSQL包括VoltDB、ScaleBase、dbShards、Scalearc等。阿里云分析型数据库可实现对数据的实时多维分析，百亿量级多维查询只需100毫秒。

（三）基础架构

从更底层的视角来分析，对大数据进行分析还需要高性能的计算架构和存储系统。例如，用于分布式计算的MapReduce计算框架、Spark计算框架，用于大规模数据协同工作的分布式文件存储HDFS等。

（四）数据理解与提取

大数据的多样性体现在多个方面。在结构上，大数据分析在大多数情况中处理的数据不是传统的结构化数据，这些数据中包含着多模态的半结构化数据和非结构化数据。在语义上，同一含义有着多重表达，就算是同样的表达在不同的语境中也有着不同的含义。要对具有多样性特征的大数据进行有效的分析就需要对数据有更深入的理解，这其中可以从结构多样、语义多样的数据中心提取出能够直接利用分析的数据。这方面的技术有自然语言处理、数据抽取等。自然语言处理是研究人与计算机交互的语言问题的一门学科。处理自然语言的关键是要让计算机"理解"自然语言，所以自然语言处理又被称为自然语言理解，也就是计算语言学，它是人工智能的核心课题之一。数据抽取是把非结构化数据中包含的信息进行结构化转化处理，变成统一的组织形式。

（五）统计分析

统计分析是运用统计方法及与分析对象有关的知识，从定量与定性方面进行的研究活动。它是继统计设计、统计调查、统计整理之后的一项十分重要的工作，是在前几个阶段工作的基础上通过分析达到对研究对象更加深刻的认识。它又是在一定的选题下，针对分析方案的设计、资料的收集和整理而开展的研究活动。系统的、完善的资料是统计分析的必要条件。统计分析技术包括假设检验、显著性检验、差异分析、相关分析、t检验、方差分析、卡方分析、偏相关分析、距离分析、简单回归分析、多元回归分析、逐步回归分析、回归预测、残差分析、岭回归分析、逻辑回归分析、曲线估计、因子分析、聚类分析、主成分分析、快速聚类法、判别分析、对应分析、多元对应分析等。

（六）数据挖掘

数据挖掘是从大量数据中通过快速算法搜索隐藏其中的信息的过程，这其中包括分类、估计、预测、相关性分组、聚类、描述和可视化、复杂数据类型挖掘。与统计分析的区别在于数据挖掘没有提前设置好的特定主题，它是在现有的数据中进行的基于各种算法的计算，以达到一种更高级别数据分析的效果。例如，阿里云的"数加"产品拥有一系列机器学习工具，可基于海量数据实现对用户行为、行业走势、天气、交通的预测，产品还集成了阿里巴巴核心算法库，包括特征工程、大规模机器学习、深度学习等。

（七）数据可视化

数据可视化是关于数据视觉表现形式的科学技术研究。对于大数据而言，由于其规模性、高速性和多样性，要将数据进行可视化，将其表示为使用者能够更加直观理解的形式，就显得非常重要。目前，学术界针对数据可视化已经提出了许多方法，这些方法根据可视化原理可以划分为基于几何的技术、面向像素的技术、基于图标的技术、基于层次的技术、基于图像的技术和基于分布式的技术等；根据数据类型可以划分为文本可视化、网络可视化、时空数据可视化、多维数据可视化等。

数据可视化应用包括报表类工具（如 Excel）、BI 分析工具及专业的数据可视化工具等。阿里云 2016 年发布的 BI 报表产品，3 分钟即可完成海量数据的分析报告，产品支持多种云数据源，提供近 20 种可视化效果。

三、大数据分析技术的难点

大数据不是在数据分析的基础上简单拓展。大数据规模大、更新速度快、来源多样等性质为大数据分析带来了一系列的挑战。

（一）可扩展性

由于大数据的特点之一是"规模大"，利用大规模数据可以发现诸多新知识，因而大数据分析所需要考虑的首要任务就是使分析算法支持大规模数据，并且在所要求的时间约束内得到结果。

（二）可用性

大数据分析的结果应用到实际中的前提是分析结果的可用性，这里的"可用性"有两个方面的含义：一是结果质量高，如结果完整、符合现实的语义约束等；二是结果的形式适用于实际的应用。对结果可用性的要求为大数据分析算法带来了挑战。所谓"垃圾进，垃圾出"，高质量的分析结果需要高质量的数据；结果形式的高可用性需要高可用性的分析模型处理。

（三）领域知识的结合

大数据分析通常和具体专业领域密切结合，因而大数据分析的过程很自然地需要和其他专业领域的知识相结合。这为数据分析的设计带来了挑战：一是其他专业领域知识具有的多样性，导致相应的大数据分析法的多样性，需要不同大数据分析法适应其所应用的专业知识领域；二是对其他专业领域知识提出了新的要求，需要这些专业领域知识的内容和表达形式适用于大数据分析的过程。

（四）结果的检验

有一些应用需要高可靠性的分析结果，否则造成的后果将会是灾难性的。因此，大数据分析结果需要经过一定的检验才可以被真正应用。结果的检验是对大数据分析结果的有效实现。

第三节　大数据分析的算法和模型

大数据分析算法从功能上分为聚类算法、回归算法、关联规则算法、遗传算法、神经网络算法等。这些算法有着很实际的应用，是大数据分析过程中强有力的工具。合理地选择算法能在保证效率的同时得到良好的分析结果，可以使应用者更好地分析出数据中包含的知识。

一、大数据分析的算法分类

大数据分析算法根据其对实时性的要求可以分为三类：

（1）实时分析算法。这类分析算法适用于实时获取的数据，响应时间约束为秒级甚至毫秒级。

（2）弱实时分析算法。这类分析算法面向有用户参与分析决策的分析任务，不要求实时响应，但是也存在响应时间约束，响应时间约束从分钟到小时不等。

（3）非实时分析算法。这类分析算法适用于数据仓库中的大规模数据，响应时间约束相对宽松，可以为数天甚至数月。

二、大数据分析算法的设计技术

对于不同的数据规模、不同的实时性要求、具有不同时空复杂性的问题（如图的连通分量寻找问题可以在线性时间内计算，而最大独立子集问题却是 NP 难问题），所用的算法设计技术是不同的。

（一）随机算法

随机算法是使用了随机函数的算法，并且随机函数的返回值直接或间接地影响算法的执行流程或执行结果。随机算法可以实现仅用少部分数据的分析结果来对整体数据分析结果的估计。在大数据分析过程中，随机算法多用于实时分析。典型的随机分析算法包括 ε 算法和 (ε, δ) 算法，其中 ε 算法的误差小于 ε，(ε, δ) 算法的误差大于 ε 的概率小于 δ。

（二）外存算法

外存算法是在算法执行过程中用到了外存的算法。在实际情况下，由于内存的限制，大数据必须存储在外存中，因而对于大数据的分析一定是外存算法。在一般情况下，大数据分析过程中的中间结果无法放到内存中，所以必须有效使用外存。传统的数据库中的数据操作算法（如选择、连接等）都是外存算法。

（三）并行算法

并行算法就是用多台处理机联合求解问题的算法。针对规模巨大的大数据，自然可以利用多台处理机联合处理，这就是面向大数据的并行算法。MapReduce算法就是比较典型的数据密集型并行算法。

（四）Anytime 算法

Anytime 算法在有的文献中也被称为"任意时间算法"，该算法针对输入数据、时间与其他资源的要求，给出各种性能的输出结果。通过分析给定的输入类型、算法各个部分的重要性来分配资源，以求在最短的时间内给出最优的结果。在很多情况下，由于大数据的规模很大，计算资源不足和时间约束使其不能对数据进行精确分析，这就需要根据结果质量要求调配资源或者根据资源自适应调整结果质量。除此以外，在一些有用户参加的情况下，需要生成精度高的分析结果给用户，当用户觉得满意时才能停止分析，这种场景也需要用到 Anytime 算法，如在线聚类算法。

需要我们注意的是这些算法彼此并不是毫无联系的，如对于实时分析场景，当数据量庞大且分析任务同时涉及大规模历史数据和实时数据时（一个具体的例子是在使用监控设备数据时，可以将监控得到的数据看作一个时间序列，通过实时数据和历史数据的序列比对来诊断设备的异常状态），就可以将并行算法与随机算法所涉及的相关技术进行有效的结合。

第四节 大数据分析在经济研究中的应用价值

在商业领域，沃尔玛每月会产生约 4500 万条网络购物数据，其与社交网络上的大众评分结合，开发出"北极星"搜索引擎，方便顾客购物，在线购物的人数增加了10%~15%。再如，有的电商平台会根据消费者在其平台上的浏览、收藏、消费等记录数据，适时推荐更符合消费者需要的商品或服务，在一定程度上提高了成交的可能性，最终的结果是顾客、电商平台、商家"三赢"。

在金融领域，阿里巴巴根据淘宝网上中小型公司的交易状况，筛选出财务健康、诚信优良的企业，为它们免担保提供贷款达上千亿元，坏账率仅有0.3%；华尔街德温特资本市场公司通过分析3.4亿条留言判断民众心情，以决定公司股票的买入和卖出，也获得了较好的收益。

第二章 古典及新古典经济学时期的数量分析

第一节 古典经济学时期的数量分析

15世纪开始,欧洲资本主义生产方式逐渐产生和发展。17世纪中叶的英国发生了资产阶级革命,这标志着世界进入了近代资本主义发展时期。因此,相应的关于资本主义生产方式的研究和探讨也开启了新篇章,古典政治经济学就此应运而生。学术界一般将亚当·斯密及其《国富论》作为古典经济学产生的标志,而卡尔·马克思则以威廉·配第作为英国古典经济学的开端。本节将采用卡尔·马克思的界定,从威廉·配第开始论述古典经济学时期有关数量分析的理论。

威廉·配第(1623~1687年)是古典政治经济学体系建设的先驱,而他所生活的历史背景正是17世纪中叶的英国资产阶级革命。威廉·配第在学术上最大的贡献就是其致力于应用当时自然科学的实验方法来研究经济学的内在逻辑。威廉·配第在其著作《政治算术》中运用了统计数字来表达经济问题,他认为数字比语言更加直白,也更具有逻辑性。他的著作开篇即提到自己的文章将更注重用数字的语言表达想要解释的问题,而不会限制于仅利用单纯的逻辑语言来比较论证,"我所使用的方法就是用数字、重量及尺度等词汇来表述我想解释的问题"。① 同时,他尝试用自然科学的方法说明经济问题,用数字、计量尺度等方

---

① 威廉·配第. 政治算术 [M]. 陈东野, 译. 北京:商务印书馆,1987.

式，阐述所讨论问题的论据，避免因用感官文字而带来的表达差异性，或者因为读者对语言的理解不同造成所要表达问题的差异性，以力求对经济现象和经济过程做出尽可能精确的阐述。例如，他在著作中提到，阿姆斯特丹对食品所课征的消费税，据估计大约超过这些食品原有价值的50%，即谷粉每蒲式耳征税20斯太弗①，或对每拉斯特征63盾；啤酒每桶征收113斯太弗，房屋征收税金的1/6。

不过，威廉·配第虽然认识到数量分析的重要性，但他也明确指出这不是经济研究的目的，而只是一种重要的手段。他把数量分析建立在对事物质的分析基础上，认为数量分析只是便于更精确地解释事物质的因果关系。

一、亚当·斯密

亚当·斯密（1723~1790年）是西方经济学的奠基人，他在前人的基础上，创立了比较系统的政治经济学理论体系。亚当·斯密的著作是以涵盖经济学全部领域理论体系为特点的，他主张经济自由主义，并且认为"自然秩序"是制定经济政策的依据。

在经济学方法论方面，亚当·斯密同时运用了归纳法和演绎法。一方面，他在前人的理论基础上进一步研究，用抽象演绎分析探索历史的规律；另一方面，他利用经验归纳总结当时社会现实的规律，从而建立历史和规律相统一的经济学系统。亚当·斯密敏锐地从现实中观察到资本主义财富增长的本质，并利用抽象方法提出其所观察的现实的规律。

亚当·斯密在利用归纳法对社会经济现象进行总结时，使用了简单的数量分析法。他的这种分析多用在对前人理论的总结上。例如，亚当·斯密在对重商主义的论述中，从历史的角度对其货币数量论进行析解。他批评了重商主义简单地认为货币或贸易数量增加引起财富增加的观点，认为货币的起源应追溯到一般商品交换中的价值统一，因为只有当交换中的价值统一时，才能厘清深藏在商品交换中的内在逻辑，看清商品交换的实质。价值最终的统一是由数量表现出来的，这是在商品交换发展到一定程度时的历史阶段表现，所以只是简单地用历史分析

---

① 荷兰旧辅币（值二十分之一盾）。

法并不能得到经济学的内在规律。尽管亚当·斯密不认同重商主义的数量论,他认为仅以资本主义初期的经济现实孤立地研究商品交换,会被经济现实迷住双眼,探究不到商品交换中暗含的本质规律,但其却在总结归纳中大量借鉴了重商主义的数量分析法。

亚当·斯密在利用抽象演绎法论述经济体系时,也对数量分析的应用做了初步的尝试。他认为,经济学体系遵从一种"自然秩序",这种力量能够使经济体系中的个体在追求自己的利益的同时各安其位,同时社会财富能够因此增加。亚当·斯密并没有刻意追求使用抽象演绎法,只是在论述经济本质时进行了深入的探讨。亚当·斯密的抽象演绎法多与历史描述相结合,其理论的逻辑运用并没有建立在严密的数学推导基础上,因此也没有从其理论中总结出严谨的数学模型。

《国富论》是从分工开篇,涉及财富本源问题时,亚当·斯密引入了价值论的观点。他对什么是价值及价值对社会和国家的作用做了哲学上的阐述,这些阐述的论点多在经院哲学中找到痕迹。尽管亚当·斯密的价值论一开始是使用历史分析法,从分工的必然性和分工的原理开始论述,但是为了说明价值作为财富增长中可计量的衡量单位,亚当·斯密采取了数量分析法,不过其主要体现为用语言来描述定量关系并用数字来说明问题,用于阐述财富凝结形式及对财富大小的衡量。亚当·斯密指出,增长财富的途径之一是提高劳动生产力,这取决于劳动分工,分工源自交换,"人性之中存在着某种确定的倾向,那就是互通有无,就意味着存在物物交换和相互之间有交易的倾向"① 引起的分工协作。交换尤其是商品经济中交换的支配原则,也就是说亚当·斯密所谓的"交换价值的真实尺度,即商品的真实价格",为了解决这一问题,亚当·斯密用数量分析来衡量可交换物品价格的尺度,"一切物的真实价格,想要得到这件物品的真实费用就要体验获得此物的勤劳感受"②,对可交换物品的价值的衡量就是对得到该物品所需花费劳动的衡量。有了衡量商品价值的尺度——劳动量或者说劳动时间,商品的交换便很少再受到不同地域的市场约束了。亚当·斯密意识到劳动因人而异的属性,甚至对于相同的劳动者而言,不同时间下的劳动量所包含的价值也是不同的,测度两个劳动量的比例,困难重重。这也说明了测量技术的发展及用于分析

---

①② 亚当·斯密. 国富论 [M]. 郭大力, 王亚南, 译. 上海:上海三联书店, 2009.

数据的完备性，与数量分析法是否能够深入分析经济社会是高度相关的。

正因为如此，亚当·斯密在商品的名义价格与真实价格论述中又弱化了数量分析，他指出："劳动虽然说是一切商品的交换价值的真实尺度，但是一切商品的价值并非由劳动来评定。"① 劳动衡量的困难程度让亚当·斯密不得不借助于另一个衡量价值的物品，即货币。亚当·斯密用商品的真实价格和名义价格之分来解释以货币作为衡量尺度和以劳动作为衡量尺度的不同。对于货币，其衡量价值受货币自然条件下的储量制约，所以货币衡量出来的价值是可以改变的。例如，如果一个地方突然发现一座金银矿产丰富的矿山，那么当地的货币相对于商品的价值自然要下降，商品的价格要增加，即名义价格要提升。亚当·斯密提出，对于劳动者所具有的同等的价值是等量的劳动，在任何条件之下都成立并且不会随着时间地点而发生改变。因此，劳动本身的价值不发生变化，那么显而易见以劳动衡量其他商品的价值自然是合宜的。亚当·斯密还分析了以谷物地租作为价值衡量手段的可行性。在谷物地租的分析中，亚当·斯密仍然是从谷物地租所包含的价值与劳动的对比中分析，通过简单的数量换算，他认为谷物地租衡量商品的价值也是会改变的。亚当·斯密通过以上数量分析论证得出，劳动的价值是衡量价值的唯一标准，也就是说，劳动的价值是商品的真实价格。亚当·斯密在论述劳动价值论的基础上，对商品的价格进行解析，即由劳动、利润、地租三个要素组合而成。进一步地，一国的收入组成也是由这三个要素组合而成，即"构成一国劳动年产物全部的一切商品的价格，也同样可以分为三个构成部分，那必须当作劳动工资，土地地租及资本利润，分配给国内各居民"②。亚当·斯密或许觉察到了此种价格学说所引起前面分析中的矛盾，因此其又引入了自然价格和市场价格。在分析价格的不同属性时，亚当·斯密的数量分析仍然只限于简单的逻辑处理，并没有严谨的数量推导，即没有严谨地采用数量分析法将一个商品或一个市场上的商品构成的体系呈现出来。

除此之外，亚当·斯密在其工资论、利润理论和地租理论的分析中指出，数量分析的应用显然要比其在劳动价值上的应用更多。其收入理论中的数量分析是经济测度系统构建的初步尝试；在地租理论中对小麦价格的年度分析，说明了劳

---

①② 亚当·斯密. 国富论 [M]. 郭大力, 王亚南, 译. 上海：上海三联书店, 2009.

动和资本对收入的贡献率,或者说解释了劳动取得相应工资报酬及资本取得利润收入的正当性。但是,对数量分析应用的浅尝辄止使得亚当·斯密不但没能解决劳动价值论与收入理论的矛盾,也没能对收入的份额到底取多少给出令人满意的答复。

总体来说,亚当·斯密在其《国富论》中构建的经济分析系统突破了当时已有的分析框架,也运用了数量分析法在其著作的各个部分进行论证,但数量分析法仍然不是斯密学说中的主要分析法。这是由于各种数学分析法还没有得到广泛应用,难以应用数学公式的推导来分析经济现象。除此以外,亚当·斯密在发现采用数量分析法论述经济现象存在困难时,便回避数量分析法在其学说中的深度应用。无论是主观原因还是客观原因,使得亚当·斯密论述的劳动价值理论与收入分配理论矛盾重重,这也成为包括马克思在内的后来批判者对亚当·斯密的劳动价值二重性批判的原因之一。尽管亚当·斯密没有能够详细解释并划分出相对价格、价格总水平及社会福利变化等范畴,但其对经济学的影响在于其对经济体系的构建超越了当时的时代,他对经济学的重要领域和主要观念的建树至今仍然具有重要的意义。

二、大卫·李嘉图

大卫·李嘉图(1772~1823年)的《政治经济学及赋税原理》在1817年出版,他基于其劳动价值论建立了资本积累理论和经济增长理论。大卫·李嘉图是继亚当·斯密之后第一位用抽象的方法重塑古典经济学系统的经济学家,他主张排除经验归纳法而广泛采用科学抽象法。大卫·李嘉图学说中的数量分析主要体现在他偏向使用更多带有数字的量化例子来阐述其理论,这使得他的经济理论相对前人来说略显数量化。大卫·李嘉图的数量分析体现在其劳动价值论、比较成本理论等方面。在经济学方法论上,其主张建立以抽象演绎为主的一元方法论。他认为经济学家应该排除经验归纳法对经济学规律本质的干扰,应该利用抽象的方法,对纷繁复杂的经济现象抽丝剥茧,梳理本质逻辑。大卫·李嘉图也注重利用综合方法,使得其使用抽象演绎搭建起来的构架更加完善,逻辑分析更加严谨且对称。

在劳动价值论方面,大卫·李嘉图延续了古典经济学的价值论观点,将劳动作为衡量国民财富价值的尺度，并且将劳动价值论应用到各个领域。大卫·李嘉图认为商品的价值取决于其生产所必需的相对劳动量。在确定劳动的价值（即劳动者的工资）时，其使用的衡量方式（起码在马克思看来）隐含了真实的劳动价值，即在一般社会的生产条件下，工人维持基本生活和延续后代所需的生产资料价值则为劳动价值。这种量的比较确定了劳动价值论的量的考察，也必然形成一个量的分割问题，利润大小取决于工资多少，这也为后来的政治经济学提供切入点。大卫·李嘉图提出劳动价值是"一定的社会生产条件下的平均社会劳动时间"，但这种方法确定劳动价值仍然存在计量上和成本上的困难。由此也可看出，大卫·李嘉图仍然以语言描述为主来进行数量分析，但是大卫·李嘉图通过数据举例的方法对工资、劳动、地租等进行了说明，并且试图通过举例详细阐述经济变量之间的数量关系。例如，在论述劳动者工资的真实价值随商品价格变化而变化的时候，大卫·李嘉图用了这样的数量关系来表述：当劳动者的年工资为24英镑，而每夸脱小麦为4英镑时，其工资真实价值为6夸脱小麦价值。如果小麦的价格发生变化，那么劳动者的工资真实价值会有如表2-1所示的变化结果。

表2-1　商品价格的变化对工资真实价值的影响

小麦价格	劳动工资的市场价值	工资的真实价值（以小麦衡量）
4英镑4先令8便士	24英镑14先令	5.85夸脱
4英镑10先令	24英镑10先令	5.66夸脱
4英镑16先令	26英镑8先令	5.50夸脱
5英镑2先令10便士	27英镑8先令6便士	5.33夸脱

另外，大卫·李嘉图用量化的语言阐述比较问题，如论述对外贸易时，大卫·李嘉图使用这种方法说明相对成本给对外贸易带来的收益：大卫·李嘉图模仿亚当·斯密关于分工理论的阐述来分析两个国家间进行贸易的好处，"假设英国的酿酒方法在没改进以前，每桶葡萄酒的价格是50英镑，一定量的布匹价格为45英镑；而在葡萄牙，同量葡萄酒的价格为45英镑，同量布匹价格为50英

镑,那么葡萄牙出口葡萄酒会获利 5 英镑,英国出口布匹也会有相同的盈利"。①对于英国来说,制布显然比酿酒更加实惠,可以赚取 5 英镑,同理对于葡萄牙来说,酿酒又比制布更加经济,多出的利益也是实惠,两者权衡,各取所优,交换后各自得到 5 英镑的好处,见表 2-2。

表 2-2　大卫·李嘉图演绎国际贸易中的相对优势

英国		葡萄牙	
酿酒	制布	酿酒	制布
50 英镑	45 英镑	45 英镑	50 英镑

两者取其优的分工方式,使得两国在各取所需的交易中分享对方的相对优势成果。以优势生产条件生产商品,两国的酒和布都相对增多。在交换过程中,两国同时获得因国际分工和国际交换带来的好处。

大卫·李嘉图的分析法代表了当时经济学方法论的变革,他利用了相对抽象的理论模型代替了亚当·斯密经济理论与历史描述的结合,现代主流经济分析框架就是以大卫·李嘉图所创建的抽象演绎经济分析模型为基础。马克·布劳格认为,大卫·李嘉图确实发明了经济学的技术,虽然"我们能够用一流的几何证明代替他的粗糙数字论证,实际情况是我们一般使用的还是与大卫·李嘉图相似的推理模型"②。不过,熊彼特却认为,这种假设其他条件不变,大量简化相关变量来推演相关因素之间的作用关系,并且用此结论来解释现实问题是"大卫·李嘉图恶习"③。

三、约翰·穆勒

约翰·穆勒(1806~1873 年)是古典经济学的集大成者,他综合了 19 世纪上半叶之前的各个经济流派,同时他也是经济学步入科学化的关键人物。他对前人及同时代经济学家不同倾向的理论和观点进行了综合,并且在折衷主义方法论

---

① 大卫·李嘉图. 政治经济学及赋税原理 [M]. 周洁, 译. 北京: 华夏出版社, 2013.
② 马克·布劳格. 经济理论的回顾 [M]. 姚开建, 译. 北京: 中国人民大学出版社, 2009.
③ 约瑟夫·熊彼特. 经济分析史(第二卷)[M]. 杨敬年, 译. 北京: 商务印书馆, 1992.

的指导下阐述了有关价值、消费、货币、国际贸易及信用等理论。

约翰·穆勒（以下简称"穆勒"）的经济学方法论的哲学基础是实证主义和逻辑经验主义。穆勒看重归纳法在社会科学中的应用，认为归纳法可以不局限于自然科学，如在政治经济学的研究中，归纳法的使用对探索出一般理论大有裨益。穆勒早年受功利主义思想的影响，后来逐渐接受了孔德的实证主义思想，认为一个理论的有效性建立在其能够被数量表示的时候。因此，实证主义影响经济学的一个方面就是更多地强调数量分析法的应用。穆勒的数量分析法分为三个方面：一是数字定量说明，即用具体数字阐述经济变量的概念；二是数学归纳，利用数学比率的设定，得出经济变量之间的关系；三是数学演绎，通过计算得出经济中一些"客观"定理。

穆勒认为使用定量方法来对经济术语进行讨论可以避免语言的局限性，"在一开始讨论这个问题时，我们就不得不消除在我们的研究中存在着的语言方面的严重含混不清的障碍；相同的术语在现行的商业用语中使用时，还具有完全不同的意义"。[①] 例如，在对国际价值的研究中，穆勒指出，"我发现，在这些复杂的研究中，用数字举例说明概念具有明确性和稳定性，这是可取的。这些数字在由它们所构成的一系列组合中应该易于把握"。同时，数量分析法能在经济学的科学化中显示出自身的作用，因为数量分析法"可以假定每一个数字的比率，满足相关的条件"，可以更全面地分析问题，如"不仅考察各个国家对于进口商品的定量需求，还要考察各个国家满足需求的能力"。

穆勒在利润率的分析中，运用比例说明数量间的关系，"无论何时何地，都存在着某种特定的利润率，即诱使当时当地人民积累储蓄，并将其用于生产领域的最低利润率"。在数量分析的运算中，要求统一变量单位，这影响了对经济规律的界限与跨域经济现象的分析。尤其是在国际经济中的贸易运算方面，不仅要统一变量单位，而且还要考虑国别影响。即使不同国家的人为因素有其自身特点，但也会被更加一般的规律所概括，换句话说，更加一般的规律在数量分析中实现了跨越。

穆勒认为数量分析法通过数学语言可以顺利地描述各种经济规律及法则。例

---

① 约翰·斯图亚特·穆勒. 政治经济学原理（下）[M]. 金镝, 金熠, 译. 北京：华夏出版社, 2017.

如，国际价值的证明中，对数学方法的运用从数学语言过渡到数学演绎，更清楚地体现出经济的科学化。这种根据客观性阐述得出的不为外界因素影响的客观经济规律，是"一项似乎更加简明并且更加基本的国际价值法则了"。在分析产业发展与人口增长对地租的影响中，数学演绎的分析成为后来经济学的范式设定：假定条件→利用变量间的关系→演绎推理→得出结论。穆勒在解释大卫·李嘉图级差地租的合理性中，其仍然钟情于数字，"为了证明这一点，让我们回顾前面章节中的数字实例"。在论政府的影响中，对公平税率的分析，也是通过定量方法考察不同税负承担者在经济中的税负压力。用定量分析来表述经济中的各个主体，使经济结论更加坦荡地加上"正确"的字眼，"在我们所假想的情况中，对于征收什一税与不征收什一税来说都是'正确'的结论，在将任何一个征收什一税的国家与该国不征收什一税的情况时相比，也都是正确的"，以及为这些经济结论加上"公平"的字眼，即"我们考察了商品税的作用，并且假设无论商品是以什么方式生产出来或投放于市场，都对它们是'公平'地征收这种税"。

与此同时，穆勒认为，对数量分析法的运用也形成了客观对主观合理性的评判，经济学的科学性更具客观因素，"商业利润纳税的税率是否应该比利息或者地租形成的收入纳税的税率低"，也就是说，从某种意义上讲，对数量分析法的运用已经显露出后来所说的"规范性分析"需要依靠"实证分析"说明其科学性的端倪。

尽管经济学家们不完全赞成穆勒方法论的实证主义原则，但在当时的时代背景下，穆勒方法论确实对经济思想和经济研究产生了深远的影响。在综合各种学说的同时，穆勒也将数量分析法在经济学中的应用提到了一个新的高度，从而使得数量分析更能说明经济规律，推进了经济学的科学化。

第二节　马克思政治经济学的数量分析

卡尔·马克思（1818~1883年）的经济思想形成于资本主义经济和社会发展的历史转折阶段。19世纪中叶的第二次工业革命，使得资本主义经济发生了巨大的变化，资产阶级聚集了大量的财富，产业形式与生产方式与过去的任何历史阶段都不相同。社会生产方式内部深刻的变化主要表现在两个方面：一是工业革命发生后，机器大生产在社会中的运用促使资本集中，资本的社会化程度大幅增加；二是尽管生产方式以社会化的形式进行，但是参加生产的劳动者并不占有生产资料，生产资料被少数的大资本家占有。卡尔·马克思（以下简称"马克思"）利用唯物主义方法对人类社会经济形态进行了分析，特别是着重科学地分析资本主义经济形态的过程和本质。同时，马克思在借鉴古典政治经济学和空想社会主义思想理论的基础上，形成了马克思主义政治经济学。

马克思的政治主义经济学旨在科学地揭示资本主义经济中的运动规律和资本主义必然灭亡的趋势，其研究分析法不同于一般的经济分析法。马克思所运用的最主要的两种方法是辩证唯物主义和历史唯物主义，其中唯物辩证法的三大规律为对立统一规律、量变质变规律和否定之否定规律。马克思运用历史唯物主义的分析法考察私有制的产生，指出资本主义生产方式的历史局限性和过渡性，同时运用矛盾统一方法具体分析资本主义经济体系下的各个经济范畴，辩证地分析资本主义生产过程中生产力与生产关系这对主要矛盾在各个范畴中的展现形式，使资本主义经济的运动规律也自然展现其中，资本主义生产"只是一个历史长河中的一个阶段"。

马克思政治经济学理论的逻辑框架遵循"抽象—具体—抽象"的演绎方法，而其研究方法遵循着逻辑与历史统一的"具体—抽象—具体"的分析法。"抽象—具体—抽象"是马克思抽象思维在经济现象中验证的过程，"具体—抽象—具体"是获取经济现象解释规律的科学抽象演绎方法。马克思认为，政治经济学作为社会科学，需要在分析各种资料的生产、交换、分配过程的基础上，分析经济范畴的运动形式，解释获取这些形式的内在联系，从联系中抽象出经济运动的科学内在规律。因而，马克思的政治经济学是建立在通过对英国社会经济状况和历史资料进行大量统计调查、系统分析基础上而形成的。马克思指出，对社会生产关系的研究不可能像研究自然科学那样，使用直观的技术揭露其内在规律，而是应运用抽象思维方法，通过分析、考察、推理、归纳经济现象，即从具体到抽象，再从抽象到具体，这就是马克思的科学抽象法。

就数量分析而言，量化的语言分析和数学的运用是马克思政治经济学的重要经济分析手段之一,在某种意义上,马克思对量化分析法的运用内含于他对事物现象分析的科学方法之中。马克思鼓励数量分析在政治经济学中的运用,其认为政治经济学中的运动规律,主要表现为两种形式:一是量化的语言和数字结合说明经济变量之间的数量关系;二是运用模型来说明社会再生产的运动规律。例如,在《资本论》中,马克思构建经济体系生产过程,尤其是资本运动的过程中,借助于社会化再生产的数学模型,这一方面是运用从具体范畴到抽象范畴的叙述方法,实际上是对客观事物特质剥离的过程,即通过抽离客观事物的某些特质作为假设,在假设基础上建立模型,以模型的分析结果说明客观事物的运动规律;另一方面也是量化分析在马克思政治经济学中的体现。马克思认为这种分析法是从抽象范畴入手,通过分析一个复杂事物的某一个局部表象,并且在此基础上逐步增加其他客观的具体规定,从而使抽象具体化。实际上,这种科学的叙述方法是一种主体对客体认知思维的路径创造。同时,在研究各种经济现象和考察各种变量关系时,不仅要研究它们的质的规定性及变化,而且要研究它们的量的变化。数量分析法就是通过数量关系的变化来研究和考察各种经济现象和经济关系。因此,数量分析法实际上是唯物辩证法量变质变规律的一种体现,也是提高研究问题精确性和严密性的可靠途径。马克思政治经济学数量分析的具体表现形式主要是数学公式。

《资本论》的经济范畴主要包括劳动、商品、货币、剩余价值、资本、地租、利润等。马克思从劳动入手,分析劳动的二重性,提出商品的二重性,并从历史的角度分析货币作为一般等价物的特质,以资本运动过程分析剩余价值的本质、资本形态变化及剩余价值在资本运动不同阶段的表现形式,数量分析在马克思政治经济学中的运用对以上分析发挥了重要的作用。因此,下面主要从《资本论》中的五个主要经济范畴来分别阐述其数量分析:

第一,劳动价值论和货币理论。马克思独创性地提出了劳动具有二重性质,劳动二重性的提出对马克思分析商品经济,包括商品价值的源泉起到了衔接作用,区分了商品的使用价值和价值。马克思批判地继承和吸收了英国古典经济学中关于商品价值的大小由社会必要劳动时间决定的论断。社会必要劳动时间与劳动生产率的变动和劳动强度有关,社会必要劳动时间决定商品的价值量。商品的价格在其价值的上下区间波动。马克思区分了简单劳动和复杂劳动,说明确定商品价格的唯一因素是价值。与古典政治经济学不同，马克思更强调劳动是商品价值的唯一来源，但是商品的使用价值并非只来自劳动。价值表现为一种社会生产关系。马克思分析了简单商品生产过程及其所产生的基本矛盾，即代表私人属性的使用价值与代表社会属性的价值之间的矛盾。马克思分析了价值形式的发展过程，运用价值学说分析了作为一般等价物的货币的发展与起源。在此基础上，马克思分析了价值规律的内容，并且说明了价值规律在私有制商品经济中的作用。由生产社会化与生产资料私人占有的生产关系之间的矛盾，是资本主义经济运动规律的基本矛盾。马克思在劳动价值论中主要是运用量化语言研究劳动本质及劳动在经济体系中的作用。以量化的语言演绎经济体系，是马克思政治经济学解释经济范畴和经济规律的重要方法。量化的语言中，"量"不单单是经济范畴之间的数量关系，也是语言变量之间的演绎。

第二，剩余价值理论。马克思从劳动力的特点及其成为商品的条件分析入手，阐述剩余价值理论，揭示了资本主义经济中资本与雇佣劳动关系的实质，并且分析了资本主义的剥削与以往社会形态中剥削的共同点和区别点，说明了剩余价值规律是资本主义的基本经济规律。马克思区分了不变资本和可变资本以便更清晰地呈现出剩余价值作用下资本主义的剥削性。马克思对资本主义剩余价值率和剩余价值量做了定性分析后，从数量分析的角度说明了剩余价值在不同阶段的表现形式，最终得出了资本主义工资的本质是劳动力的价值或价格。剩余价值是在资本主义制度下，被统治阶级剥削的劳动价值和劳动报酬之间的差额，即"由劳动者创造的被资产阶级无偿占有的劳动"。资本主义的剩余价值基本形式及其他形式的呈现方式，体现了资本主义剥削的隐蔽性。马克思利用数学公式来表述与剩余价值相关的经济范畴之间的内在联系。通过定义"资本有机构成""商品价值""剩余价值""利润率"这些经济概念的数学表达式，客观地揭露剩余价值在不同阶段的转化形式。由于数学公式的直观性，为马克思揭示资本主义剥削的秘密提供了便利。

马克思对剩余价值率的定义为：

$$C = c + v \tag{2-1}$$

$$W = c + v + m \tag{2-2}$$

$$m' = m \div v \tag{2-3}$$

第二章 古典及新古典经济学时期的数量分析

$$p = m \div (c+v+m) \tag{2-4}$$

其中，C代表资本价值，c代表不变资本，v代表可变资本，m代表剩余价值，W代表商品价值，m′代表剩余价值率，p代表利润率。

剩余价值率是马克思政治经济学的重大科学发现，对剩余价值运动规律的探析，是解释资本主义经济运动规律的重要环节。

第三，资本积累理论和资本运动理论。马克思根据资本主义简单再生产过程分析了资本积累的过程，形成了资本积累理论。马克思根据商品生产过程提出了资本有机构成的概念，资本的有机构成是由资本的技术构成决定并反映技术构成变化的资本价值构成；说明了影响资本积累的速度和规模因素是剩余价值率、社会劳动生产率水平、所用资本和所耗费资本之间的差额、预付资本的大小；揭示了资本扩大再生产过程及资本积累过程中资本主义积累的一般规律，即资本有机构成的不断提高、相对过剩人口的不断增多，必然导致资本主义社会资产阶级的财富积累和无产阶级的贫困积累。此外，马克思分析了产业资本循环在购买、生产和销售三个阶段的表现形式，即资本的三种职能形式分为货币资本、生产资本、商品资本，并且根据在生产过程中不同的价值转移方式区分了固定资本和流通资本，以此说明资本加速周转提高了资本主义剥削的速率。数量分析法的运用表现为产业资本运动循环经历三个阶段，即"购买阶段、生产阶段、销售阶段"，用公式表达为G—W—P—W′—G′。其中，购买阶段为G—W，表示货币资本与生产资料的量的关系。资本家手中持有货币资本G，购入劳动力和生产资料W。生产阶段为W—P—W′，劳动力和生产资料相结合形成商品，并且由劳动者创造出剩余价值。W′与W不仅有质的不同，也有量的差异，表现出剩余价值产生于生产资料和劳动力结合的过程中。销售阶段为W′—G′，此阶段代表了商品价值重塑的惊险一跃，作为资本循环的重要闭环，这一阶段的完成形成资本的量变质变，从量上G′实现了对G的超越，从质上多出的部分是剩余价值。

第四，地租理论。马克思在借鉴古典经济学的基础上，从资本主义的土地所有制入手分析了资本主义地租，用历史分析法和比较分析法说明了资本主义地租与封建地租的区别。资本主义土地所有制是土地所有者将土地租给劳动者生产经营，造成所有权和使用权的分离，把超出平均利润的超额利润作为地租据为己有。马克思对资本主义农业的分析，是资本主义剩余价值规律在地租理论中的应用,资本主义的级差地租和绝对地租受剩余价值分配的影响,批判了庸俗经济学"土地肥力递减规律"对级差地租的解释,厘清了利润和地租的界限,首次科学揭示了地租的本质是超额利润。马克思认为资本主义绝对地租的存在,源于资本的有机构成在农业和社会生产之间的差距,农业资本的有机构成相对较低,在等量资本的投入下,农业生产需要投入更多的劳动,劳动是剩余价值的源泉,更多劳动意味着形成更多的剩余价值,多出来的剩余价值转化为绝对地租,由于土地所有权的垄断,劳动与土地结合,绝对地租只能从劳动力自身创造的剩余价值里产生。马克思延续资本剩余价值理论,土地价格不过是对地租的资本化,土地价格的高低取决于地租和利息率两个因素。

第五,利润、平均利润理论和资本主义经济危机理论。马克思对剩余价值率转化为利润率的过程进行了分析,剩余价值率是剩余价值与可变资本的比率,而利润率是剩余价值与全部预付资本的比率。在资本主义条件下,不同生产部门之间所得到的利润并不相同,利润的大小取决于剩余价值的多少,不同部门所生产的剩余价值存在数量上的差别,但是商品实现的过程中作为社会化的商品实现并不会各自成派,资本转移使各部门的供求关系发生变化,从而使价格涨落,引起利润率升降,使部门利润率趋于平均,以社会化形式实现的商品利润就是平均利润的形成过程。随着利润转化为平均利润,商品不是按照价值出售,而是按照成本价格加平均利润构成的生产价格出售。马克思还分析了商品的市场价值和市场价格,说明了两种含义的社会必要劳动时间与价值的关系,马克思认为这种整个社会生产相对过剩的矛盾是资本主义经济危机的实质和根源。由于此种矛盾的作用,资本主义的再生产必将具有周期性,周期的呈现形式即萧条时的经济危机和高涨时的经济增长,从而形成了危机—萧条—复苏—高涨—危机的周而复始的颠簸形态。固定资本更新是资本主义经济危机周期性爆发的物质基础,大规模的资本更新使资本主义经济危机愈演愈烈。

从以上分析可以看出,建立在辩证唯物主义和历史唯物主义方法论基础之上的马克思政治经济学数量分析法主要体现在以下三个方面:一是用体现量化程度的语言来描述经济规律中的量变到质变的现象;二是用函数关系式来表达经济变量之间的联系及相互作用规律;三是用具体的数字举例来明确经济社会中的变量关系。总体来说,马克思受其所处时代的数学理论的发展、数字资料的丰富及计

第二章 古典及新古典经济学时期的数量分析

算工具的进步等因素影响,马克思政治经济学的数量分析应用与古典经济学的数量分析基本上仍处在同一深度和广度。

第三节 新古典经济学时期的数量分析

19世纪70年代后期至20世纪初期欧洲主流经济思想(除少数派别外)都被看作新古典经济学。新古典经济学在许多方面的见解与古典经济学都是相同的,而之所以被称为"新",最重要的原因就是这些经济学家主张边际主义,即采用边际分析法解释经济现象,以及对需求的重视和强调。边际主义推崇对抽象推理方法的使用,同时在分析法上应用微积分得到"边际量"。因此,从某种程度上也可以说是微积分在经济学数量分析中的应用促使了边际革命。

法国经济学家古诺对经济规律做了深入的"技术性"探讨。这里的"技术性"是古诺采用数量分析法分析需求与价格的关系。一方面,古诺关注现实数据,利用经济统计数据验证所分析的变量;另一方面,古诺利用数学方法分析影响需求和供给的因素。古诺的数学功底在其所作的需求函数的性状、图形中展露无遗。古诺用需求函数表示销售收入函数,微分推导后得出销售收入最大时的决定式。

$$\pi = pF(p) \qquad (2-5)$$
$$F(p) + pF'(p) = 0 \qquad (2-6)$$

其中,π表示利润,p表示价格,$F(p)$表示需求函数。一阶导数为零的点,即是销售收入最大的点。

几何表示法(见图2-1)为:

在分析商品局部均衡的过程中,古诺在分析供给决定因素时,提出了影响厂商的"边际"因素。一阶导数的数学分析技术被引入局部均衡决定分析中。这种过硬的"技术性"分析工具是古诺作为边际主义先驱者的名片。

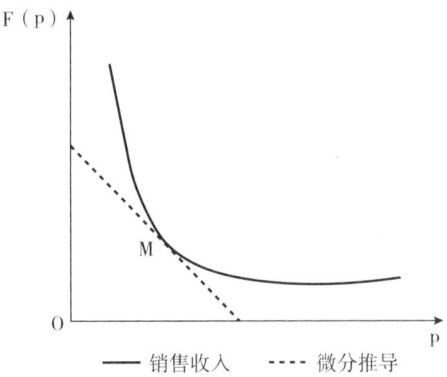

图 2-1 需求曲线最大销售收入的价格决定

边际革命正式开始于 19 世纪 70 年代,英国、法国、奥地利等国几乎同时出现了边际主义的系统性著作:威廉·斯坦利·杰文斯(1835~1882年)的《政治经济学理论》、莱昂·瓦尔拉斯(1834~1910年)的《纯粹政治经济学纲要》及卡尔·门格尔(1840~1921年)的《国民经济学原理》。虽然这三部著作的出现时间略有先后,但这种时间差几乎可以忽略不计,他们各自独立又几乎同时系统地提出了边际效用论。之后,边际效用学派形成了两个流派:一个是以数学为分析工具的数理学派,另一个是以主观心理学为特点的奥地利学派。

一、数理学派

数理学派以英国的斯坦利·杰文斯(以下简称"杰文斯")和法国的莱昂·瓦尔拉斯(以下简称"瓦尔拉斯")为主要代表,他们的特点是以边际效用学说为理论基础,运用数学方法来研究、表述和说明价值与价格的衡量和计算。安东尼·奥古斯丁·古诺(1801~1877年)是法国的数学家,其在经济史上以数理经济学家留名,他运用数学方法刻画了局部市场均衡。意大利的维尔弗雷多·帕累托(1848~1923年)利用数学方法系统论证了以序数效用为基础的效用价值理论,把基数效用和序数效用区分开。正是因为过于依赖数量分析,其他学派一般认为数理学派对经济现象的质的分析是比较薄弱的。

杰文斯强调并依赖数学方法进行经济学研究。杰文斯认为经济学就是研究各种经济变量和它们之间的相互关系的。一切量之间存在的关系都在数量分析的范围内，经济生活中存在着各种各样的变量并且这些变量之间有着某种复杂的联系，因此数量分析相较于文字分析而言，在处理变量复杂关系方面表现出便捷性，在某种程度上也使得经济学更贴近科学。杰文斯认为数理科学是经济学成为科学的捷径。他在其《政治经济学理论》中，利用导数表述边际效用概念，借助数学推理论证了两种商品之间的交换的均衡价格是怎样决定的，并且利用数学公式推导边际效用递减原理，即在含有两种商品的消费市场中，两种商品的消费量可以由边际效用决定。对于 x_1 和 x_2 两种商品，x_1 的效用是 U_1，x_2 的效用是 U_2，为了使效用最大，有：

$$\Delta U_1 = \Delta U_2 \text{ 或 } \frac{du_1}{dx_1} = \frac{du_2}{dx_2} \tag{2-7}$$

杰文斯还强调统计（数据）对经济学的重要性，这和他强调经验归纳是分不开的。他主张从题材和研究方法等方面将经济学细分为理论层次和应用层次。他对统计学的运用和认可，推动了后来的经济学家们更多地利用经济计量学方法进行检验。

瓦尔拉斯主张经济学研究应该采用抽象的逻辑方法，其经济理论的主要贡献包括边际效用分析和一般均衡分析。在数量分析法上，他比杰文斯更加推崇数学分析法在经济学中的应用。他反对那些对在经济理论中运用数学方法持怀疑态度的经济学家，认为这种质疑的出发点很可能是这些经济学家本身欠缺数学方法基础，甚至根本不了解在经济学中运用的数学意义，这些经济学家的怀疑态度可能只是对自身短板的掩饰和借口或者是对不思进取的状态采取保守对抗状态。瓦尔拉斯并没有认为数学方法能够解决和阐释所有的经济问题，但是他反对在经济学研究中排斥数学方法的观点。同时，他认为"无论如何，经济学之所以成为一门精密科学，经济学跟天文学和力学一样，既是经验科学，同时也是理论科学"。经济学作为社会科学，以研究经济范畴关系说明社会财富理论的规律，如交换价值理论。对于这种关系的探究，不应当排斥对数学方法和数学语言的运用。

对数量分析法的推崇，使瓦尔拉斯自然而然地将自然科学的研究方法引入经济学之中。他认为，经济学的理论推理没有像数学方法这样更能显现逻辑的统一。在严格意义下的自然科学，究竟应该是以对自然的单纯表达为限制还是应该超越经验的范围呢？这个问题将留给自然科学家来回答。不过有一点是毋庸置疑的,即物理学同狭义下的数学科学一样,当它从经验中吸取类别概念时,它在事实上就越过了经验的范围。瓦尔拉斯在经济学论证中对数学的运用,对后来的经济学发展而言,应用方面的影响与贡献至少不少于其在理论上因创新所做的贡献。瓦尔拉斯从现实中抽离出经济学骨架,并对这些因素做出概念定义,从这些定义范畴出发,演绎推理其定理并证明整个经济体系。按照这些逻辑分析程序,提取出来的如交换、供给、需求、市场、资本、收入、生产服务、产品概念就有了进一步量化关系的推论。这些推论形成的科学逻辑体系架构能够在现实经验中得到论证,这是毋庸置疑的。因为借助统计关系,这些经济变量将有精确的统计,因此带来论证的简洁性和精确性,一旦涉及经济体系中互相联系的交错变量关系,便不会因为单纯使用比较语言刻画给人留下模棱两可的印象。数学语言在经济学中表现得越精确,就越能凸显日常语言的笨拙。

瓦尔拉斯认为,从理论上来讲,经济问题的一切未知量取决于一切的经济平衡方程,尽管如此,但是如果从静态理论的观点来看,也可同样认为,其中有些未知量须主要取决于与最初提出确定这些未知量问题的同时出现的那些方程。当我们从静态观点转到动态观点,或者说得更恰当些是从纯粹理论转到应用理论或实践的领域时,这样做就更加合理;因为在此时未知量的变化就变成了或者称得上是头等重要的意义或者是次等重要意义的效应,这也就是说,这类效应应该是从特种数据的变动中产生的,就应当分为不同的情况加以考虑或者不纳入考虑范围内。①

另外,瓦尔拉斯也尝试用数学方程和几何图形来进行数量分析,"我们已经说明将一种商品的有效需求与以别一商品计的这一商品的价格联系起来的那种直接和非中间介入的关系的性质;接下去需要做的是对这种关系提出数学的表达"。"就商品(B)而言,可以根据几何学以曲线 B_dB 的一系列矩形来表示,在代数学上可以用方程'$O_a = D_b p_b = F_b(p_b) p_b$;$O_b = D_a p_a = F_a(p_a) p_a$'来表示。"因而可以说,瓦尔拉斯的一般均衡理论其实是建立在这种数量分析法的基础之上,"具备了所有这些元素以后,就可以着手解决两种商品相互交换的一般问题。问题是这样:已知两种商品(A)和(B),及这一商品以另一商品计的各自的需

---

① 莱昂·瓦尔拉斯.纯粹经济学要义[M].蔡受百,译.北京:商务印书馆,1989.

求曲线，或者是这些曲线的方程；求各自的平衡价格"。

客观来讲，建立在数量分析基础之上的瓦尔拉斯的一般均衡，对经济活动中各种经济关系和经济利益的刻画，确实形成了经济体系中变量之间的科学关系，但是由于受制于当时计算技术的发展水平及当时对复杂数据运算能力的欠缺，使得瓦尔拉斯一方面不得不在假设的条件下推算各变量间的关系，另一方面不得不对各变量施以强假设，以便简化变量之间的复杂数量关系，使得运算过程稍具可接受性。

维尔弗雷多·帕累托（以下简称"帕累托"）在数量分析法上的贡献，可以与其在福利经济学上做出的开创性贡献相媲美。在帕累托之前，尽管经济学家对效用大小标准存疑，但是效用价值论已经通过基数效用论的分析法初步形成体系。帕累托的主要贡献是将序数效用论引入效用价值理论中，并且提出了更具一般性、更易被接受的序数效用论。与基数效用论不同，序数效用论认为可以不对人们的效用赋予具体数值，只需比较大小即可。因为人的心理感受不同，效用的评价是不同的，数学上的加总、约分和平均都是不合适的。同时，帕累托在对需求的分析中引入新的分析工具——无差异曲线，更直白地分析消费者需求的决定，无差异曲线见图 2-2。

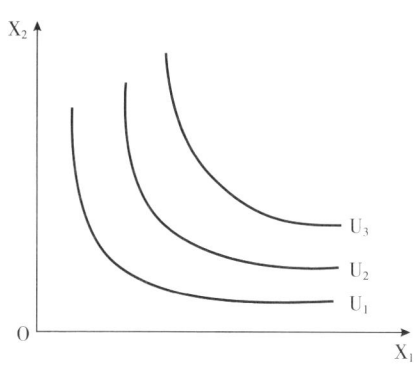

图 2-2 无差异曲线

帕累托的另一个主要贡献是福利经济学，在分析人们对效用最大化的需求追求时，提出了社会若干条追求福利法则。前文已经说明，帕累托的序数效用论不能对个人的不同效用水平做加总，放之社会同样如此，不同个体的效用也不能做简单加总。那么社会的福利如何改进呢？帕累托提出，如果社会中某个个体的福利改善了，而其他人至少可以保持不变（更不能变少了），那么整个社会的福利就相当于改善了。这也是经济学中普遍采用的"帕累托改进"。如果不存在帕累托改进的可能，则可以说达到了帕累托最优，这就是帕累托提出的福利改善规则。

二、奥地利学派

奥地利学派又叫维也纳学派，是边际效用学派中另一个主要分支，其突出代表除了门格尔外，还包括弗里德里希·冯·维塞尔（1851~1926年）和欧根·冯·庞巴维克（1851~1914年），他们主张主观效用价值论、收入分配理论，采用抽象演绎法进行经济分析。由于奥地利学派所推崇的理论分析法和对经济理论本质的认知与主流经济学派有所不同，所以其不被称为主流学派，但奥地利学派在经济分析法等方面多有建树。

从方法论上讲，奥地利学派推崇占典学派的分析法，反对历史学派把制度和历史摆在头等地位的方法论。奥地利学派认为如果经济学脱离了"抽象演绎法"而过分强调历史归纳法，经济研究就会趋向于虚无主义。这也引发了西方经济学界的"方法论之争"，即奥地利学派的奠基人门格尔与历史学派施穆勒之间的激烈论战。其中，门格尔区分了经济史和经济理论研究中历史因素影响的差异。他认为经济史的发展可能会存在不同历史阶段造成的影响，但是作为研究经济现象的基本形态的经济理论，如果过分强调历史归纳法，就会过分强调个别的作用从而蒙蔽住发现规律的科学之眼，经济研究必须努力驱除实用经验主义的"历史归纳法"给经济研究带来的个体性偏离，而采用更加合乎逻辑的"抽象演绎法"来揭示经济规律。施穆勒则对抽象演绎法进行了针锋相对的批评，认为抽象演绎法只是逻辑演绎的一种方法，在解释变化无穷的经济现象时往往捉襟见肘，并且为了追求规律的完美性从而剔除单个事件的影响，这本身就是不科学的。

相对来说，奥地利学派不太重视数量分析法，而更偏重于抽象的主观心理分析。尤其是门格尔，即便在其广泛使用的边际分析法中，他也不用数学公式进行表述，而是通过文字和表格的例子来说明其边际效用递减和边际效用相等的规律，见表2-3。

表2-3 门格尔的边际效用分析

边际效用/商品	消费品1	消费品2	消费品3	……
第一单位	100	90	80	……
第二单位	90	90	70	……
第三单位	80	80	70	……
⋮	⋮	⋮	⋮	⋮

门格尔在对商品的交换价值研究中提出了边际效用价值论。他从个人的效用出发，提出经济活动中商品的价值，取决于该商品对人的需要的满足能力，这种能力就是商品的效用。商品的效用决定商品的价值，而该价值与劳动及生产过程中对其他要素的应用没有直接或必然的联系。门格尔指出，很多花费了许多劳动的商品并没有多大的价值，而没有凝结许多劳动的商品却有巨大的价值。因此，这一说法，对于凝结相同劳动的商品价值等量这一推断而言，是一种无情的打击。门格尔指出，商品交换价值取决于个体对商品的主观评价，个体可以从交换商品的过程中得到满足，由于个体对满足程度的主观评价不同，商品的交换价值也不同。个体的经济活动，就是在理性的情况下获得最大程度的满足。价格理论方面，门格尔否定了商品的价格决定于生产要素价格的观点，认为生产要素的价格是由商品满足消费者的能力，即消费品的价格决定的。门格尔在边际效用的基础上提出归算理论，强调消费在经济活动中的支配作用。消费品满足个体效用的能力，与消费品的数量有关。该数量有两个节点：一个是个体获得某消费品确定数量时达到的满足程度；另一个是没有获得确定数量时到达的满足程度。

弗里德里希·冯·维赛尔（以下简称"维赛尔"）发展了门格尔的边际效用理论，分析了商品的交换价值与自然价值的不同。维赛尔认为，商品不存在"客观"的交换价值，但商品有自然价值。商品的自然价值取决于商品满足个体需求的能力，商品的交换价值取决于商品的自然价值和人们的购买力。维赛尔指出，商品的数量与其边际效用的乘积就是商品的自然价值。商品的效用是满足个体效用的能力，随着获得数量的增加，相同单位商品的满足能力递减，最后一单位商品的满足能力即是一单位商品的效用。在需求保持不变的情况下，商品的数量越多，商品的边际效用则越少。

欧根·冯·庞巴维克（以下简称"庞巴维克"）将时间和利息结合在一起，并且在边际效用的基础上提出了"时差利息论"。庞巴维克认为利息的产生取决于三个因素：一是人们对当下效用的重视程度。庞巴维克指出，同一种商品，人们当前得到该商品获得的满足程度比未来获得的满足程度高。二是人们对于未来财富增加的预期。庞巴维克认为利息产生的原因是人们普遍期望未来的财富会有所增加，而财富增加所带来消费增加则会进一步提升人们的效用满足水平。三是经济活动中迂回生产的性质。庞巴维克指出，随着经济的发展，商品的生产不是一蹴而就的，生产过程普遍延长，具有迂回生产的性质。资本在迂回生产中因为时差而获得的收益，即是利息。资本的数量取决于三个独立的变量：①使用的初始生产要素数量；②生产时间长度；③生产要素使用方式。他强调经济学和自然科学在方法论上的相似性，强调抽象演绎在经济方法论中的地位。抽象法虽然是非现实的，但是比其他方法更有利于认识经验事实。抽象经济理论所包含的各种假定条件，其唯一目的是为了深入观察经验事实。

总体来说，奥地利学派的经济分析法起源于门格尔的经济理论，都推崇抽象演绎法和重视个体的分析方法。他们认为，国民经济研究的对象，通常聚焦于个体经济，而不是整体经济。个体只是社会里的元素，但是社会是个体的综合。个体是社会的本源，经济学家只能认识到个体，达不到对社会总体规律的认知。奥地利学派在经济分析中运用了边际分析法，但是却不推崇运用数学公式来描述边际效用。

三、历史学派

历史学派包括19世纪40年代在德国发展起来的旧历史学派及19世纪后期在继承了旧历史学派思想、观点和研究方法后而出现的新历史学派。他们都强调经济发展具有特殊性，认为各国的经济发展在不同的历史阶段是不相同的，因此否认经济学中存在带有共同性的一般理论，而主张采用历史方法来研究经济现象和问题，特别是使用归纳的方法来研究本国经济发展的历史经验。

（一）旧历史学派的理论与研究方法

旧历史学派是适应 19 世纪初期德国资本主义发展"普鲁士式道路"模式这一特殊历史条件下出现的经济学派。该学派反对以个人理性为基础的古典经济学，反对由"自然法则"延伸出的具有世界性的经济规律。旧历史学派的先驱是弗里德里希·李斯特（1789~1846 年）。弗里德里希·李斯特（以下简称"李斯特"）最主要的贡献是提出了"国家经济学"的概念。其从德国的现实经济状况出发，指出由于不同国家的禀赋不同，而且历史发展阶段各异，因此试图利用统一的自由经济方式来发展经济实现国家福利的努力不仅是徒劳的而且是有害的。一个国家的经济发展必然是要经历不同的历史发展阶段，并在不同的历史阶段内施行有利于本国经济且与本国经济发展阶段相匹配的经济贸易政策。李斯特把一国经济发展阶段分为五个阶段，即"原始落后阶段、畜牧业阶段、农业阶段、农业—制造业阶段、农业—制造业—商业阶段"，这五个阶段的发展程度由低到高分布，不同阶段的生产力水平不同。① 李斯特认为，处于低级发展水平的国家有权利根据国家的需要，独立自主地决定或是采取自由贸易政策抑或采取贸易保护政策，以对本国的产业进行保护。

旧历史学派的另一个代表人物是威廉·罗雪尔（1817~1894 年），他认为社会经济发展的普遍规律不存在，而只存在某一个适用于一个民族或者一个时期的经验性规律。因此，利用抽象方法来找到普遍规律是不现实的，理论概括也没有意义，只有通过历史的方法大量收集历史资料，单纯地描述历史的经济发展，才是科学、实在的方法。

旧历史学派沿着李斯特研究的架构，分析不同阶段的国民经济发展目标及国民经济发展与经济要素之间的关系。当时德国国力与同期西欧国家相比处于劣势，使得德国民族主义兴起，因此就方法论而言，旧历史学派形成了以集体主义和历史视角来看待问题的经济学方法论。旧历史学派方法论主要有以下特征：一是强调国民经济发展的整体性，主张用联系的方法研究经济问题。旧历史学派认为国民经济是有机联系的整体，应该从整个制度和社会的角度研究经济体系，反对古典主义学派关于经济是为了满足个人欲望的观点。二是强调经济发展的历史

---

① 弗里德里希·李斯特. 政治经济学的国民体系 [M]. 陈万熙，译. 北京：商务印书馆，1961.

性和动态性，主张利用历史主义的方法研究问题。旧历史学派认为，经济发展必然存在着不同的历史阶段，不同历史阶段的经济问题表现不同，不能用无差别的普适方法研究经济，经济和经济规律都具有历史性，都是动态发展的，应该利用不同的历史资料研究经济，发现经济的不同历史规律。

就数量分析法而言，旧历史学派强调依靠历史资料和统计方法研究不同历史阶段的经济规律。旧历史学派的数量分析法主要表现在两个方面：一是利用历史经济数据阐明某个历史阶段内经济变量之间的关系；二是利用统计方法对数据资料分析，说明经济范畴的数量特征关系。旧历史学派所秉持的经济规律具有历史性和动态性研究方法的观点，一方面，促进了对经济历史资料的收集和对统计方法的研究，依靠统计技术对历史资料的推理演绎得出经济规律；另一方面，旧历史学派过于强调经济历史的动态性，认为经济规律都是暂时的，甚至认为经济并不存在规律，历史资料表明并没有完全相同的历史经济数据，因此也就没有可以解释现实的经济规律；而且只有历史数据和资料的堆砌而没有归纳总结的话，是不可能得出科学的理论结论的。

（二）新历史学派的理论与研究方法

新历史学派是旧历史学派的继承者，但比旧历史学派更强调国家、法律、伦理、道德等因素对经济的作用。新历史学派对经济规律的看法比旧历史学派更加极端，主张采用历史统计方法而反对在经济学中运用抽象法。新历史学派的代表人物有古斯塔夫·冯·施穆勒（1838~1917年）、阿道夫·瓦格纳（1835~1917年）、路约·布伦坦诺（1844~1931年）、威尔纳·桑巴特（1863~1941年）、阿瑟·斯皮托夫（1873~1957年）及马克斯·韦伯（1864~1920年）。

新历史学派继承了罗雪尔关于以国民经济体系作为研究对象的想法，认为经济的研究对象应该是以整体性为特征的国名经济体系，利用多学科交叉的分析法，如社会伦理学、社会心理学等学科分析法，研究经济社会运行过程中的人与人之间的关系及人与物之间的关系。新历史学派反对古典学派以个人理性作为经济学分析基础的观点，引入了社会性和整体性，排除了"个人理性"的唯一性。新历史学派认为不同社会的发展有其独有的特点，因此经济学的分析需要划分阶段。社会伦理和法律关系形成的经济制度也是新历史学派的研究重点。新历史学派认为要利用国家的力量介入经济的发展，其中包括法律、伦理、文化、意识形态等。

新历史学派的方法论更加成熟,形成了更加系统的历史主义分析法。历史主义分析法是"走进经济史的汪洋里去调查探索各时各地的各种具体的类型或者过程中活灵活现的细节,并学会如何体会提炼这些资料"的能力。[①] 历史主义分析法可以分为三类:一是历史归纳法,二是历史生理法,三是历史统计法。历史归纳法是对历史资料进行系统归纳;历史生理法是把经济历史资料进行系统剖析,就像解剖生理机体一样;历史统计法是利用统计学技术分析历史资料。新历史学派和旧历史学派对待演绎方法的态度相同,都认为归纳法是发现历史规律的主要方法。旧历史学派的罗雪尔尤其反对抽象演绎的方法,认为演绎方法无法探究历史的全貌,从而无法认识真正的历史规律。施穆勒仍然主张归纳法作为历史学派分析的主要方法,但是在一定程度上接受了抽象演绎法并将其作为归纳法的补充,而这也正是奥地利学派的门格尔与其进行方法论之争的地方。

就数量分析法而言,新历史学派更加注重历史主义分析法与统计学的结合。新历史学派提倡对历史资料的统计和归纳,重视统计学在梳理庞杂历史资料中的应用。新历史学派与旧历史学派相比,数量分析法的差异表现在对抽象演绎分析法的应用态度上,也就是利用数学模型推理,得出经济规律。旧历史学派认为抽象演绎法总会忽略一些重要的国民经济因素,因此数学模型的美感可能只有形式的效果,而失去原本应发挥的作用,所以旧历史学派对抽象演绎法的态度是消极的。新历史学派对抽象演绎法的态度有了新的转变。一方面,新历史学派仍然认为历史归纳法是历史主义分析法的基础,利用大量的历史资料归纳分析经济系统的关系是历史学派的正宗;另一方面,新历史学派对抽象演绎法的态度与旧历史学派有所区别,尤其是以桑巴特为代表的新历史学派代表人物,认为历史学派没有必要坚持抽象演绎法与归纳法的对立。不过总体而言,新历史学派反对主流经济学派一味看重数理经济模型而忽视对历史、文化、制度等因素的影响,正如施穆勒所说:"公理性的理论可以用来证明存在供给和需求曲线,但却无法解释为什么那些曲线会呈现出某种特定的形状。"[②]

---

① 约瑟夫·熊彼特. 经济分析史(第三卷)[M]. 朱泱,译. 北京:商务印书馆,2015.
② 杰弗里·M. 霍奇逊. 经济学是如何忘记历史的[M]. 高伟,等译. 北京:中国人民大学出版社,2008.

四、瑞典学派

约翰·古斯塔夫·克努特·维克塞尔（1851~1926年）是瑞典学派的创始人，其学说受庞巴维克的影响。① 约翰·古斯塔夫·克努特·维克塞尔（以下简称"维克塞尔"）推动了经济思想的综合，扩大了边际效用价值理论的影响，分析了均衡价格中利息率的影响，完善了价格理论和货币理论，并且指出政府在价格决定中的影响作用从而补充了公共财政理论，论述了宏观经济中储蓄和投资的作用。其学说的核心是以货币利息理论和经济周期理论组成的"累积过程理论"。

维克塞尔将经济中的利息率转化为自然利息率和货币利息率，认为货币利息率与初始均衡下自然利息率的偏离，会造成经济失衡，并且这种失衡会累积。原始均衡状态下，自然利息率和货币利息率相等，储蓄与投资相等，物价水平处于平衡状态。货币体现出不影响实际生产的"中性"性质，商品的价格和产量取决于实际生产。如果经济状态不能处于均衡状态，那么经济体系就出现了失衡，经济的失衡累加造成了经济周期波动。

就数量分析法而言，维克塞尔注重经济变量间的数量关系演变。尤其是维克塞尔借助对经济变量概念的推敲和区分，给予瑞典学派对经济变量做统计分析时赋值的便利性，从而使得经济分析体系更具可验证性。同时，维克塞尔在诸多经济领域都有论述，形成了瑞典学派独有的经济体系。例如，在累积过程理论中加入货币利息率因素，在对经济均衡的分析中区分了"自然利息率"与"货币利息率"的差别，从而引起了投资、利率和社会资本等经济量的变化，对社会供给和需求造成影响，形成了失衡经济体系的动态分析雏形②。维克塞尔建立的累积过程学说是一个宏观经济均衡体系，因此被看作是宏观经济均衡体系的最早创始人，他对凯恩斯学说的形成产生了重要的影响。

五、新古典学派

阿尔弗雷德·马歇尔（1842~1924年）是集边际革命时期经济思想之大成的

---

① 晏智杰在《西方经济学说史教程》中指出维克塞尔"在柏林的书店中发现了庞巴维克1888年刚出版不久的论述资本的书。这本书对维克塞尔自己的经济思想产生了深远的影响"。

② 克努特·维克塞尔. 利息与价格［M］. 蔡受百，等译. 北京：商务印书馆，1959.

经济学家,他利用边际分析法和边际主义学说改造了古典经济学的一些经济范畴,进行了经济理论的第二次大综合。他是新古典经济学理论体系的奠基人、英国剑桥学派的创始人。他的经济理论是以完全竞争的自由资本主义市场经济为研究背景的。阿尔弗雷德·马歇尔(以下简称"马歇尔")在1890年出版的《经济学原理》中提出了供求均衡理论,并且将生产费用论和边际效益价值论整合起来,以两者共同决定市场均衡价格。

在经济学方法论上,马歇尔认为经济学应该以演绎法为主、归纳法为辅,两者结合使用。一方面,马歇尔认为经济学研究要借鉴自然科学方法;另一方面,由于经济学本身比自然科学更复杂,因而需要在方法论上将理论的、定量的、历史的方法相结合。因此,马歇尔的"综合"不仅体现在理论体系上,也体现在方法论上。其方法论的三个突出特点:运用"连续原理"来分析社会经济现象、边际分析法的广泛使用及局部均衡分析。

马歇尔认为数量分析能够更加清晰地说明经济现象,使人更深刻地理解经济原理。马歇尔糅合吸收了边际学派的经济理论,认为经济研究中相较于对总量变化的观察,更应该关注边际量的作用。马歇尔的数量分析法,还表现为对数学符号或数学图表的应用,从现实层面上讲,边际量的确定对于数学变量连续性质的要求过于严苛,刻意证明这种连续性是很困难的,但数学图表并不需要复杂的数学知识,而且能够清楚且正确地反映经济情况。数学方法运用能力的精进,有助于理论研究者以更加简练的方式表述经济学的变量关系。在运算过程中,数学方法也表现出逻辑清晰、方式简洁、论证清楚的特点,数学方法的直白性与精确性,也使研究者更加容易地理解经济变动的复杂关系,同时使得经济学的逻辑更加明确。这在某种程度上也导致了数学家利用自身掌握的数学技术方法从数学角度推理经济学规律。虽然马歇尔是数学家出身,也非常重视数量分析在经济分析中的应用,但他十分谨慎地对待数量分析在经济学研究中的使用,认为虽然包括数学方法在内的这些数量分析技术在解释经济理论时有无穷的潜力,但经济学对数学方法的运用不能过多。因此,在他的《经济学原理》中致力于用简洁清晰的文字表达其思想,尽力把与数量分析相关的数学资料作为附录和脚注。"经济研究中经常使用数学公式形成的主张,经过研究之后,往往发现这种主张是虚妄的。"① 因为单纯从数学方法上对某理论简洁设置的处理容易使经济研究成为数学的游戏，由此而得出的结论不仅对经济学不负责任，而且对于结果所表现出来的经济理论也并非是现实与逻辑的统一。约瑟夫·熊彼特是这样评价马歇尔的：虽然马歇尔没有比其他任何经济学家更多地指出自身以外的东西，也没有创立自己的理论，但他的研究指向了这些理论；虽然他的纯理论是严格静态的，但是他也指向了动态经济学；他没有做计量经济学方面的研究工作，但是他总是注意经济理论作为统计方面的补充并且尽力地提出适用于统计上运用的概念；他概述了现代计量经济学纲领的主要部分。

---

① 阿尔弗雷德·马歇尔. 经济学原理（上）[M]. 朱志泰，译. 北京：商务印书馆，1964.

第三章 凯恩斯和后凯恩斯时期的数量分析

第一节 凯恩斯主义相关学派的数量分析

一、凯恩斯主义的理论框架及政策观点

20世纪30年代在世界资本主义经济大萧条中产生的"凯恩斯革命"是西方经济学发展史上最重大的事件，约翰·梅纳德·凯恩斯（1883~1946年）以"有效需求理论"颠覆了古典和新古典经济学对"供给创造需求"的假说。

主流的古典和新古典经济学家们推崇以市场调节机制为主导的自由经济体系，认为以市场为基础的经济会处于充分就业的均衡状态，即便出现非均衡市场也有足够的力量调节经济使经济恢复充分就业。他们虽然承认存在"自愿失业"和"摩擦失业"，但认为这属于均衡的一部分，不承认这两种失业属于有效需求不足引起的"非自愿失业"，即认为与商品市场相联系的劳动要素市场的自我调节是完善的。

凯恩斯经济学从分析范式上打破了新古典经济学的传统均衡观，并且从个体分析转向了总量分析，从供给分析转向了需求分析，从自由放任观点转向了国家干预观点。凯恩斯有效需求理论的逻辑架构是，在一个经济系统内，给定消费倾向和投资量，商品市场和生产要素市场通过价格机制联系起来，劳动力要素市场存在就业的均衡值。但这一均衡值往往是很难实现的，任何对均衡的偏离都会导

致经济系统内总供给价格和总需求价格之间发生偏离,而且这种对就业均衡值的偏离只能向下偏离,同时就业量下降又反过来迫使实际工资下降。

这就推导出了凯恩斯有效需求理论的基础:一是社会消费决定于利率和社会实际收入水平,有效需求的数量取决于边际消费倾向及投资引诱;二是资本品的需求取决于实际国民收入、利率和累积资本量;三是货币影响利率函数与收入函数,货币供给量影响市场价格;四是实际工资水平决定劳动的需求量;五是劳动和资本的投入量决定总产量。

有效需求理论的提出奠定了其不同于古典经济学的政策立场,用有效需求理论否定了萨伊定律,因此也被称为"凯恩斯革命"。约翰·梅纳德·凯恩斯(以下简称"凯恩斯")抨击古典经济学对经济自由放任的态度,强调政府干预的必要性。凯恩斯指出了自由放任主义缺乏现实论证的科学依据,认为自由放任主义只是作为一种不断放松对现实的约束,由形而上的经济假设得出人们脑海中悬浮空中的如绚丽气球般美好和谐的经济存在。这种存在是如此美好,以至于历来经济学家不忍指戳,相反随时准备为漏气的地方进行修补,忽略了表面和谐美好一旦破灭对经济社会和谐的破坏作用,而且这种破坏作用在经济史上不断发生,形成了危机周期。凯恩斯经济理论得出的政策结果与传统的经济观点对立是显而易见的,政府必须干预经济,应该把经济理论和治国艺术结合起来,运用政策和工具调整经济力量的运转,实现社会稳定和社会公正,这是政治经济学需要解决的根本问题。

凯恩斯学说的方法论是以综合分析法为基础,数量分析法起到的是辅助作用。总量分析作为凯恩斯经济理论的基本方法,表现在其最主要的内容是研究总量关系,因此数量分析法首先是关于总量的分析法。凯恩斯经济学分析的核心是整个经济体系如何运行。传统的古典及新古典的经济分析法是通过分析个体消费者、家庭和厂商的经济行为,并由个体的数量关系,形成了瓦尔拉斯一般均衡体系中的方程体系和个体对总体的抽象。

凯恩斯的数量分析体现为注重量化语言的演绎。凯恩斯从分析古典经济学就业理论入手,辨明区分实际工资和货币工资对就业的作用。凯恩斯引用了美国的经济数据资料,说明货币工资下降不能形成就业量上升的现实。[1] 凯恩斯在运用

---

[1] 约翰·梅纳德·凯恩斯.就业、利息和货币通论[M].何畏,等译.北京:商务印书馆,1999.

产品的总供给价格和总需求价格说明有效需求的过程中，利用数学模型定义总量关系；在说明消费函数和投资函数的决定时，用数量关系说明边际消费倾向和边际投资倾向。

凯恩斯对实际收入、利率、就业量、工资率和价格水平这五个变量之间的考察过程实际上是运用数学方法为之建立联系的过程。凯恩斯的数量分析还表现在乘数分析理论上，如在消费倾向的基础上说明投资变动对产量的影响，这种影响往往是倍数的。

二、凯恩斯主义相关学派的理论框架及政策观点

凯恩斯主义的相关学派主要分为两个：一个是在美国发展的新古典综合学派；另一个是新剑桥学派。因为这两个学派的学者们分别在美国剑桥的麻省理工学院和英国剑桥的剑桥大学，并且两者的研究方法和理论体系大有不同，所以被称为"两个剑桥"之争。

（一）新古典综合学派的分析法与政策观点

新古典综合学派（Neoclassical Synthesis）是凯恩斯经济学在美国的发展，其中代表人物包括阿尔文·汉森（1887~1975年）、保罗·萨缪尔森（1915~2009年）、罗伯特·索洛（1924~）等。其最主要的特点是试图将古典分析法的个量分析与凯恩斯的总量分析融为一体，构建统一和谐的经济分析框架。因此，综合性和折中性就是新古典综合学派理论体系的基本特征，既是经济理论和研究方法的综合，也是政策观念与主张的综合。新古典综合学派不排斥任何一种学术精髓，只要能将以个量分析的微观基础和总量分析的宏观基础很好地融合的方法，都不妨拿来一试。后文将要提到的新剑桥学派反对新古典综合学派这种将不同分析法糅在一起的做法；新古典综合学派则认为新剑桥学派经济学分析素养没有到位，不理解万法归宗的综合分析法。不过，难能可贵的是新古典综合学派并不拘泥于理论的创新，方法论上的改进一样可以成为综合学派的一部分。

新古典综合学派的有效需求充分融合了众家之长。从吸收"菲利普斯曲线"反映出通货膨胀与失业率对立，将总量的价格因素引入个体分析的要素市场经济之中；到吸收希克斯创立的"IS-LM模型"来说明货币对总需求的影响。这种将数学模型作为主要数量分析的模式一度成为主流的经济学分析范式，而数学方

法的深度运用也成为新古典综合学派融合吸收各家理论的主要工具。

新古典综合学派从有效需求不足理论出发，认为政府有能力干预并消除持续的经济萧条，并将菲利普斯的失业率和货币工资变动的关系纳入了分析体系，形成了失业率和通货膨胀率呈负相关的数量关系。由此理论基础出发，新古典综合学派提出相应的财政政策、货币政策和收入政策，得心应手地根据经济需要和政府容忍程度调整经济中的失业率、工资率和通货膨胀率，这种情况一直持续到20世纪70年代"滞胀"的出现。随后，新古典综合学派利用微观分析法探究非均衡情形如石油危机、劳动市场导致的工资水平等，为了解决经济中同时出现严重失业和通货膨胀的"滞胀"现象，新古典综合学派提出综合运用多种经济政策：一是财政和货币政策的松紧搭配；二是运用微观化的财政和货币政策调整经济结构；三是协同使用收入和人力政策对劳动力市场调节。另外，还有其他方面对经济的管制政策。

以经济增长理论而言，新古典综合学派在索洛的内生增长理论的基础上，吸收了哈罗德和多马的经济增长理论，引入动态和长期研究，回击新剑桥学派对其不顾历史因素和时间不确定性的质疑。萨缪尔森从经济周期理论出发创造性提出的"乘数—加速数模型"，说明了有效需求理论中投资对总收入的影响，同时数学模型的运用与综合理论的完整性使得新古典综合学派更加无懈可击。

1. 阿尔文·汉森

阿尔文·汉森（以下简称"汉森"）被认为是新古典综合学派的奠基人。他从经济长期视角把增长理论引入凯恩斯的分析体系中，证明了经济不仅短期内存在有效需求不足，不能保持"充分就业"，而且在长期内也可能出现"经济增长停滞"，所以汉森理论被称作"长期停滞论"。汉森理论的核心是考察自主投资怎样受人口增长率、资源发现率及技术进步率的制约。汉森认为，经济出现长期停滞的重要原因在三个方面：一是货币收入水平下降、失业上升，资本节约导致投资反应转弱从而压低资本产出率系数；二是边际投资倾向下降，导致资源利用的减少从而减弱自主性投资；三是人口增长的终止。

汉森建议用公共投资、税收调节、调节收入分配等财政政策来综合救治经济中出现的长期停滞和失业问题，并强调财政政策可以有效实现物价稳定下的充分就业。汉森指出凯恩斯分析框架是一种包括预期、消费、储蓄、投资等各种因素的综合分析法。汉森在希克斯提出的 IS-LM 模型的基础上加入了劳动的需求和供给等式，说明了实际工资率的向下刚性，并不会随劳动需求量的变动做出充分调整，并且完善了总供给和总需求模型。这种关系用几何的形式表述时，尤其是在比较静态分析法应用的过程中所体现出来的逻辑关系，体现了古典经济分析法与凯恩斯短期分析的结合，但是这种分析法在长期增长中的应用受到了来自以琼·罗宾逊和尼古拉斯·卡尔多等为代表的新剑桥学派的抨击。

数量分析法上，汉森发展了希克斯的 IS-LM 模型。汉森认为，在需求函数的基础上，将需求看作一个整体，统一把消费品和投资品确定为商品，将商品市场和货币市场建立函数关系，利用 45 度线图示的分析法获得了 IS-LM 模型，说明了收入水平与利率的关系。汉森作为凯恩斯理论发展的先行者，对凯恩斯理论最主要的贡献就是利用几何图形的方式阐明了经济体系的定量关系。从定量语言的演绎到数学模型的展现再到几何方法的运用，汉森使凯恩斯经济理论的逻辑更加清晰，也使凯恩斯需求管理政策理论更具实用性。

2. 保罗·萨缪尔森

保罗·萨缪尔森（以下简称"萨缪尔森"）是新古典综合学派的集大成者，他在《经济分析基础》中系统地分析了价值理论、消费者理论、生产理论、福利经济学理论等基本经济理论。萨缪尔森利用偏好来描述消费者的效用，建立效用函数，利用严格的数学方法推导，形成了序数效用理论，弥补了基数效用理论中数学方法对效用分解的机械性。萨缪尔森利用拉格朗日乘子和最大化原理等数学工具分析法，严格推导生产既定产量下最小成本的实现及既定成本下最大产量的实现问题，最终得出短期内生产要素已知情况下生产达到均衡的条件，即边际成本与边际收益相等，建立了成本与生产理论。

萨缪尔森从汉森提出的收入变动对投资的影响关系入手，形成了著名的汉森—萨缪尔森经济周期模型，揭示一国经济所需要的资本存量与产出（国民收入）水平之间的关系，也构成了凯恩斯经济学对经济周期解释的动力学说。该模型分析了经济波动的动力因素，即乘数加速原理。乘数原理是投资的增加或减少会导致收入（产出）成倍的增加或减少的现象；加速原理是收入的增加或减少引发投资的进一步增加或减少。

在方法论上，以萨缪尔森为代表的新古典综合学派强调经济学描述法，其中包括观察、分析、方法、检验、客观等几个方面。萨缪尔森指出,当代政治经济学的首要任务在于对生产、事业、价格等现象加以描述、分析、解释并把这些现象联系起来,他的这种方法论被学术界称为"操作主义"。他认为其中心问题是从经济学中推导出在现实操作上有意义的原理。萨缪尔森所下的这种定义相当于卡尔·波普尔的证伪主义。① 对数量分析而言,以萨缪尔森为代表的新古典综合学派中,数学模型分析法尤其集中在对边际分析法的发挥和延伸,利用拉格朗日乘子、微分等数学工具建立数学模型,说明经济不同要素之间的关系,使经济分析更具自然或科学的客观性色彩,力求使经济分析趋于精确化,研究经济"内在"的规律,并且依靠这些规律分析经济主体的行为效果。

3. 罗伯特·索洛

罗伯特·索洛(以下简称"索洛")对新古典经济理论的贡献在于其在经济增长理论方面做出的开创性工作。"索洛模型"以优美的模型架构(尽管模型的假设严苛)对经济增长的机制做了解释,并在一定程度上形成了对现实经济的预测。索洛模型从经济要素假设出发,分析了经济体增长过程中的均衡条件、经济的动态效率及长期均衡中需要满足的资本要求。

索洛的数量分析法主要体现在通过数学模型再现经济学的优美。索洛把经济增长的内在动因归集到三种要素,即劳动、资本和技术;三种要素受到一系列条件的制约,包括齐次生产函数、资本投入的稻田条件、短期内技术和储蓄率外生、资本和劳动的相互替代等。索洛指出实现经济长期均衡增长的条件是长期的技术进步。

索洛创新性地运用数学模型阐述增长理论,形成了可具验证性的经济学结论。虽然说模型对假设条件要求的严苛程度与模型切合现实经济的程度成反比,但是索洛模型说明了长期技术发展对经济增长的贡献。从其对数学方法的运用上,可以看出索洛并不反对经济理论的科学化趋势,尤其是数学的运用对经济理论向自然科学方向靠近带来的便利性。但是,索洛不赞成将经济学看成一门科学,起码不能称之为与自然科学如物理学那样的"科学",因为经济理论没有放之四海而皆准的普适性。索洛对经济学是否属于科学的观点,不能不说受到其研

---

① 马克·布劳格. 经济学方法论 [M]. 石士钧,译. 北京:商务印书馆,1992.

究方法的影响,尤其是利用数学方法建立模型说明经济现实。数学以其独特的优势协助新古典经济学家们建立一种优美的分析范式,但是置身其中的经济学家们知晓模型假设的框定与经济现实的差距是很大的。

(二) 新剑桥学派的理论框架及政策观点

新剑桥学派也被称为英国凯恩斯主义,是凯恩斯理论在英国的发展。其代表人物是琼·罗宾逊(1903~1983年)、皮罗·斯拉法(1898~1983年)、尼古拉斯·卡尔多(1908~1986年)、卢伊季·帕西内蒂(1930~)。新剑桥学派与新古典综合学派针锋相对,认为没有任何理由可以将凯恩斯理论打折,即使在理论假设上稍微的退却都是不可接受的,因此在经济学方法论基础上两个学派各有不同。与新古典综合学派的主要区别在于,新剑桥学派坚持历史分析法,并强调阶级分析法、制度分析法,以价值论分析基础代替基于边际分析法的均衡分析体系。

1. 新剑桥学派的主要理论

新剑桥学派的主要理论特点体现在对价值论分析的回归和对收入分配理论的重视,他们认为凯恩斯在《就业利息和货币通论》中对价值和分配的理论分析有欠缺,应该加大对价值论和分配论的分析比重。其中,分配论是价值论的延伸,有必要建立客观的价值理论,为价值提供客观的物质基础,从而形成对劳动价值论的回归。皮罗·斯拉法(以下简称"斯拉法")在《用商品生产商品》中提出商品价值取决于物质生产条件的高低,国民收入的分配涉及社会阶级的利益关系,即物质生产条件和社会制度因素决定了商品价值形成及收入的分配。

斯拉法在《用商品生产商品》中通过建立"标准商品体系",证明了国民收入分配中利润和工资之间的关系及对商品价值的影响。假设商品体系中含有 K 个简单生产部门,生产 K 种商品,其价格分别为 P_i(其中,$i = a, b, \cdots, k$),那么生产的体系方程可以由下列方程组表示。

$$A_a P_a + B_a P_b + \cdots + K_a P_k = a P_a$$
$$A_b P_a + B_b P_b + \cdots + K_b P_k = b P_b$$
$$\cdots\cdots$$
$$A_k P_a + B_k P_b + \cdots + K_k P_k = k P_k \tag{3-1}$$

在简单再生产的条件下,经济体系的利润率为 r,生产方程组为:

$$(A_aP_a+B_aP_b+\cdots+K_aP_k)(1+r)=aP_a$$
$$(A_bP_a+B_bP_b+\cdots+K_bP_k)(1+r)=bP_b$$
……
$$(A_kP_a+B_kP_b+\cdots+K_kP_k)(1+r)=kP_k \qquad (3-2)$$

加上劳动者对剩余的分配后,经济体系的生产方程组为:
$$(A_aP_a+B_aP_b+\cdots+K_aP_k)(1+r)+L_aW=aP_a$$
$$(A_bP_a+B_bP_b+\cdots+K_bP_k)(1+r)+L_bW=bP_b$$
……
$$(A_kP_a+B_kP_b+\cdots+K_kP_k)(1+r)+L_kW=kP_k① \qquad (3-3)$$

新剑桥学派的另一个特点在于将长期化和动态化分析引入凯恩斯经济理论中,并在经济增长理论中加入了收入分配。一方面,经济增长趋势包含了收入分配的贡献;另一方面,经济增长的结果也对收入分配变化具有影响。在增长理论中,新剑桥学派认为金融资本和实际资本存在差别,并且实际资本没有延展性。经济增长速度和资本积累率与国民收入分配有关:

$$Y=W+P \qquad (3-4)$$
$$S=s_pP+s_wW=I② \qquad (3-5)$$

卡尔多认为收入分配和资本积累有着直接关系,罗宾逊在社会两部门的生产基础上建立经济增长与收入分配各要素之间的关系,他们都认为凯恩斯经济理论的精髓在于对经济中非均衡状态的阐释。

新剑桥学派不赞成新古典综合学派关于通过国家干预直接或间接增加需求调节经济的政策主张。他们认为,分配制度是经济增长的制约因素,当分配不合理甚至严重失调时,会导致经济增长受限,因此收入的公平分配是政府经济政策的方向之一。政府从收入分配的角度,实施社会经济政策,调节收入分配,理顺阶级关系,创造新的社会制度推动经济增长,如改革税收制度、实行"福利政策"、管控社会投资及进出口等措施。资本主义世界的"滞胀"发生后,新古典

---

① 式(3-1)至式(3-3)中 P_a,…,P_k 表示商品 a,…,k 的价格,A,…,K 表示商品 a,…,k 的产量,L_i 是各部门生产投入的劳动量,W 为工资。

② 式(3-4)、式(3-5)中,Y 为国民收入,W 为工资总额,P 为利润总额(财产收入),S 为储蓄总额,s_p 为利润总额中储蓄所占的比例,s_w 为工资总额中储蓄所占的比例,I 为投资总额。

综合学派吸收新剑桥学派的观点,认为应该加大收入政策在经济调节中的比重,但是新剑桥学派对此展开了批评,认为此举可能会固化现有的收入分配不平等,应该通过改革税收制度,改变收入分配格局。

2. 新剑桥学派的数量分析法

新剑桥学派依托于以马歇尔为代表的"剑桥学派",但是认为马歇尔的均衡分析是对现实经济抽象的曲解,并且认为为了适应均衡分析框架而扭曲现实的古典分析法,从根本上是对历史观的扭曲,而且通过刻意制造一种均衡来混淆现在与未来,是否定历史的行为。新剑桥学派以凯恩斯理论的嫡系自居,在研究方法上仍是以总量分析和抽象演绎为主,以定量数学模型分析为基本研究方法的特征是以历史制度分析为主,同时强调规范分析法的重要性。

从数量分析法的角度来说,新剑桥学派注重运用数学方法分析经济增长与收入分配之间的关系,说明了收入分配在经济中的作用及影响,但是反对利用数学模型刻画经济变量之间存在的一般均衡。新剑桥学派认为,用确定的数字刻画未知的不确定性,这本身就存在哲学方法论上的冲突。无论这种方法刻画出的均衡状态如何接近现实,最终其反映出来的与未来转化为现实的差距或误差,都是对方法论滥用的后果。新剑桥学派反对任何形式的均衡分析,他们更加注重抽象演绎和历史分析。新剑桥学派认为凯恩斯经济理论最主要的特点在于打破均衡的约束,所以无论是单方面的忽视时间因素对局部均衡分析的未知影响,还是忽略现实融入假设加总条件的一般均衡分析,在他们看来都是对凯恩斯经济理论的曲解,而新古典综合学派虽然是对凯恩斯理论和新古典理论的结合,但是让凯恩斯理论机械屈从于古典分析框架造成了凯恩斯经济理论的曲解。

就数量分析法而言,新剑桥学派既不认可边际主义中对数学模型方法代替价值理论的方式,也不赞同利用新古典一般均衡分析中利用数学模型对经济体系的构建。首先,从最简单的经济计量开始,新剑桥学派认为经济的数学计量不同于自然科学对于实物的计量,如国民收入、厂商雇佣的劳动力,并非是简单数量可以表达的。在物理学中,如果要测量一个器具的物理长度或者"热量"等单位,则需要借助具有统一度量的机械器具测量。但是在经济学中,经济范畴的计量,在不同场景下的含义是不同的。如果将生产啤酒的工人量和生产汽车的工人量同量相较,不免被人误解。其次,在经济学中,不同于自然科学的计量,其还受到经济范畴历史因素的影响，机械计量不会随着时间推移而改变，在经济学中的计量通常表示极端复杂而不能精确说明的实体，统计数字所表明的总量要么会随时间变动出现未知的误差，要么会呈现无序变化的特征。在此基础上，以自然科学的数学方法类比经济学的方法运用，适当性也是存疑的。就模型的构建方法而言，数量分析法的数学模型在经济分析过程中必然要对经济现实进行抽象假设，在抽象假设的过程中必然会抽离历史因素或社会制度因素对经济的影响。因此，定量模型分析法只能是经济分析的一种骨架方法，它只有结合更加丰富的历史分析法，才能成为有生命力的研究方法。

三、非均衡学派

在凯恩斯理论的发展过程中，凯恩斯非均衡思想的发展是非主流凯恩斯经济的重要方面。非均衡学派（又称"凯恩斯主义非均衡学派"）①是在凯恩斯主义和瓦尔拉斯均衡分析法的基础上发展起来的。凯恩斯宏观经济理论从非均衡学派中吸收了微观分析基础，使得凯恩斯经济总量分析法得到了丰富，同时扩展了凯恩斯经济分析的范围。非均衡学派的代表人物有唐·帕廷金（1922～1995年）、罗伯特·克洛沃（1926～）等。

（一）非均衡学派的理论和政策主张

非均衡学派的奠基人是罗伯特·克洛沃（以下简称"克洛沃"）。克洛沃认为，均衡理论构建的均衡价格本质上是一种静态均衡。现实过程中非均衡交易不断出现，可以说不具备均衡价格的基础。因为经济活动一直在进行，受信息收集成本及现实复杂性的制约，所以经济主体严格依照价格信号行事是不可能的，数量信号在均衡分析函数中也不起作用。价格调节在市场均衡中发挥作用时必然要考虑价格与买卖双方的数量关系，均衡理论中所假设的充分就业下的商品市场出清是一种特例，凯恩斯理论本质上就是一种短期动态的非均衡理论。

非均衡学派认为新古典综合学派以均衡方法分析凯恩斯理论是曲解凯恩斯经济学。他们认为，经济生活绝大部分时间都处在非均衡状态，只能使用"价格—数量调节机制"的非均衡分析法。这种分析法突出"溢出效应"和"短边均衡"

---

① 这里非均衡学派引用了王志伟《新编经济思想史（第七卷）》的学派划分法。

机制，前者是局部不均衡的扩散，从而导致一般均衡不成立；后者是现实中市场交易以数量要求少的一方成立，此时交易均衡是一种短边均衡。非均衡学派认为凯恩斯经济学和均衡理论分析造成的现实差异在于信息传递的不确定性和存在信息收集成本。瓦尔拉斯一般均衡分析中关于信息是完全的假设在现实中不可能成立，市场对需求的调整并非完全依靠价格机制，也需要数量调节机制，而数量调节产生的短边均衡会导致经济的非均衡状态，即出现有效需求不足或者资源闲置等。

(二) 非均衡学派的数量分析法

非均衡学派对于凯恩斯经济学发展影响深远，其为凯恩斯经济分析提供的微观经济分析基础，很好地解释了失业和通货膨胀等非均衡状态；其动态方法的运用更是为经济变量之间关系的分析引入了时间的因素，开启了凯恩斯经济分析的长期分析。同时，非均衡学派指出了信息收集成本对经济运行的作用。

就数量分析法而言，非均衡学派的理论分析总体是建立在数量分析的基础上。这种数量分析指在经济体系中，主体的决策方式往往不会是利用数学模型计算各经济变量的内在联系，然后做出最优决策，而可能只是对明年的计划做出简单直观的规划性数量决策。非均衡学派从微观非均衡的存在入手对凯恩斯理论展开分析，相对于一般均衡理论中的价格完全弹性的假设，非均衡学派给出了更接近现实的假设条件，即现实中收集价格信号是很困难的。另外，非均衡学派认为现实复杂性使得经济主体即使接收到价格信号也可能不会及时做出反应，经济主体的决策更多的是根据非价格信号，如数量调节。这种方式可以帮助经济主体在复杂的情况下做出最快的反应，虽然简单粗暴，但是有效。非均衡学派利用数量模型建立微观经济中劳动市场非出清状态下的家庭消费行为，说明实际工资和劳动供给量两者共同约束着家庭消费计划。

非均衡学派还建立了存在过度需求和过度供给条件下的宏观非均衡分析，指出无论是要素市场还是商品市场，都可能存在过度供给的非均衡状态。同时，在数量分析法下，当非均衡存在时，数量调节机制的作用会导致非均衡的程度加剧。当劳动要素市场和商品市场同时存在供不应求时，劳动市场充分就业，企业的商品生产不能继续增加，价格调节失效，商品市场将采用数量配额调节交易，劳动市场会减少供给，商品生产更加不足，商品市场上的不均衡状态加剧。

非均衡学派批判了一般均衡分析系统，认为信息不对称是导致非均衡存在的重要因素。因为交易主体没有办法及时处理交易信息（尤其是与过去信息隔离的情况下），所以当短期交易成立时，存在短边均衡和非均衡交易是不可避免的。在这种情况下，所有交易主体都会弱化交易的均衡性而看重交易的有效性，即交易的成立，也就是说交易主体即便追求收益最大化，其结果在交易成立后的时点看来也可能不是最优的，一连串的非均衡交易成立形成了非均衡交易状态的持续。此时任何新信息的出现，交易主体都可能不会做出促使一般均衡的最优决策。

非均衡学派的分析改变了假设条件，对经济体系中存在的非均衡状态进行了分析。虽然其加入了信息理论和动态理论，但分析框架本身仍囿于均衡分析，寄望于放松假设得到一些不同的结论，难免会沦为对旧有框架的修补打磨。此外，信息模型应用方面仍有不成熟的地方，因此没有形成自洽的系统的理论分析法，导致也没有形成完备的经济政策。其政策建议不同于古典经济学派的自由不干预政策，但也与凯恩斯主义的经济政策不完全相同，而提出了预期对经济政策的抵消作用。

第二节 自由主义相关学派的数量分析

在经济政策上以干预为主的凯恩斯经济理论出现以后，自由主义始终没有放弃对凯恩斯主义的反击。20世纪70年代资本主义世界出现的"滞胀"现象，为经济自由主义各学派提供了理论温床。

一、货币主义学派

现代货币主义思想继承了古典经济学家提出的货币数量论观点，并加入现实的分析因素，形成了与凯恩斯主义相对立的理论分析框架。

（一）现代货币主义学派的理论

现代货币主义学派的创始人是米尔顿·弗里德曼（1912~2006年），他的理论沿袭了古典经济学的货币数量论。现代货币主义的观点是货币数量的增长率同名义收入增长率呈正相关关系，货币数量增长影响名义收入的增长。这种影响只是一种货币数量变化作用于产量，具有时滞的短期效应。长期内，货币数量的变化只会影响价格因素，实际变量不受货币数量变化的影响。货币数量变化是导致通货膨胀的唯一因素。货币数量变化传导机制是货币数量变化改变主体选择资产的行为，促使资产价格变化，继而利率结构发生变化、主体支出发生变化，导致产量和收入发生变化。

现代货币主义的货币需求理论模型是在货币数量论的基础上形成的，实际货币需求函数通过下面的函数表达式来刻画：

$$\frac{M}{P}=f\left(y,\ w,\ r_m,\ r_b,\ r_e,\ \frac{1}{p}\frac{dP}{dt},\ u\right)① \tag{3-6}$$

米尔顿·弗里德曼（以下简称"弗里德曼"）通过货币需求模型的分析和论证，创立了决定名义收入的货币理论，得出了现代货币主义理论模型，也就是现代货币主义的宏观经济模型。弗里德曼对货币模型做简化处理，只考察两个部门的封闭性经济，不考虑政府财政支出，也忽略经济体系中的各种随机扰动。

实际消费是实际收入和利率的函数：

$$\frac{C}{P}=f\left(\frac{Y}{P},\ r\right) \tag{3-7}$$

实际投资是利率的函数：

$$\frac{I}{P}=g\ (r) \tag{3-8}$$

实际收入等于实际消费与实际投资的和：

$$\frac{Y}{P}=\frac{C}{P}+\frac{I}{P} \tag{3-9}$$

实际货币需求是实际收入和利率的函数：

$$\frac{M^D}{P}=L\left(\frac{Y}{P},\ r\right) \tag{3-10}$$

---

① 式（3-6）中的实际货币需求（M/P）的制约因素包括实际收入（y）、财产性收入与持久性收入的比例（w）、预期持有货币名义报酬率（r_m）、预期持有债券名义报酬率（r_b）、预期持有股票名义报酬率（r_e）、预期商品价格报酬率$\left(\frac{1}{p}\frac{dP}{dt}\right)$和其他的非收入变量（u）。

货币供给是利率的函数：

$$M^S = (r) \qquad (3-11)$$

当货币需求 M^D 与货币供给 M^S 相等的时候，经济实现均衡状态。

弗里德曼货币数量论分析的是简单名义收入货币理论。模型中非货币因素是决定长期实际变量的因素，经济体系中的货币只影响实际变量的价格水平，即名义收入和名义利息。传统的货币数量论中，货币的运动过程是通过货币供应量变化改变社会购买力，物价水平和名义收入会同步变化。凯恩斯经济学理论的观点是，一旦改变货币数量供给，首先将影响资产价格，资产价格影响利率，导致投资的变动，进而由乘数作用使得国民收入变动。弗里德曼则认为当经济体系中供给的货币量发生变化时，消费支出必然改变，商品价格发生波动，物质资产固定收益也发生变化。货币量的变化引起的动力效果，不再局限于通过金融资产渠道间接对经济产生作用。

在最优货币量的刻画中，弗里德曼更注重长期的影响①，引进了通货膨胀率预期，并把自然失业率也加了进来②。弗里德曼在短期菲利普斯曲线的下端加入了自然失业率，自然失业作为一种经济常态，是经济中长期的作用因素，因此使得长期菲利普斯曲线的位置发生变化。在弗里德曼看来，传统的或者说短期的菲利普斯曲线图形反映的通货膨胀率和失业率的反向关系并不稳定，自然失业率的存在需要改进菲利普斯曲线的长期形态。在短期内，有可能在经济中的高失业水平对应着低通货膨胀率，但也有可能存在着高失业水平对应着高通货膨胀率。在长期中，经济中存在因为市场不完全性、需求和供给结构失衡、信息不完全性等导致的自然失业率。由于经济体系中自然失业率的存在，因此凯恩斯经济学主张以充分就业为目标的需求管理的宏观政策可能会推高价格，扩张性货币政策则必然导致货币供应超发，从而引起通货膨胀。

（二）现代货币主义的政策观点

弗里德曼的经济理论崇尚经济自由主义，被称为"新自由主义"。弗里德曼认为，在自由交换的市场活动中，价格信号能够形成对经济有效的调节机制，在

---

① 弗里德曼在《最优货币量》中指出"不同的是，以往常规的讨论强调短期的调整，而这里侧重长期的效应"。

② 米尔顿·弗里德曼. 最优货币量 [M]. 杜丽群，译. 北京：华夏出版社，2012.

没有外来干预的情况下，市场可以实现资源配置效率。弗里德曼反对需求管理的财政政策，也反对"相机抉择"的货币政策，主张宏观政策应该实行"单一规则"的货币政策，因为货币政策是经济失序的主要根源。"单一规则"的货币政策，可以避免经济主体与政策制定者的博弈，为经济运行提供一个稳定的货币环境，并且可以抵消经济体系中其他因素的干扰。所以货币当局只需实行"单一规则"的货币政策，只需控制货币供应量，通过公开宣布一个与经济增长率相对应的货币供应量水平，即可避免经济的波动和通货膨胀。在收入政策方面，弗里德曼提出了"收入指数化"方案，建立同生活费用（如消费价格指数）紧密联系的工资、政府债券收益调整机制。在汇率机制方面，弗里德曼认为固定汇率制是通货膨胀在国际间相互传导的主要原因，因此各国应该实行浮动汇率制，其认为坚持浮动汇率制能够减轻国际收支失衡对国内经济的不利影响。

（三）现代货币主义的数量分析法

1953年，弗里德曼发表了《实证经济学方法论》，很快引起了经济学家们对方法论的争议。弗里德曼认可并详细论述了实证经济学的方法论，认为实证经济学在原则上不应从属于任何伦理观念或规范性的判断，是经济研究的基本方法。虽然弗里德曼的方法论在证实、证伪、演绎推理等方面都体现了综合运用，但工具主义（Instrumentalism）是其最为突出的特征。工具主义是实用主义哲学的一个分支，工具主义认为评价理论的标准不是看它是否是客观实际的真实反映，而是人们是否能够运用它来达到自己的目的。因而在经济学中，工具主义体现的不是根据其前提论述的"现实性"，而是根据其所关心的预见的精确性来证明经济学理论的正确性。货币主义学派主张经济学研究方法应该是历史与数量分析和均衡分析法的结合。货币主义学派认为经济理论的研究需要经过现实经验的检验，如果理论检验与事实经验不符，那么应该继续对相互矛盾的结果做处理，同时应该坚持以事实检验理论的角度对理论进行修正。

现代货币主义运用的数量分析法具体体现在两个方面：①利用数学模型说明市场机制对均衡的作用，并说明经济变量之间关系的变化。例如，利用数学模型建立各种持久收入假说和生命周期假说，补充宏观经济中的微观分析，说明收入和消费如何决定，以此对峙凯恩斯主义关于有效需求的理论。②通过对历史经济数据说明经济关系的本质特点。其最典型的一个事件是，弗里德曼从"二战"

前的经济数据中分析通货膨胀形成的机制，以此说明货币政策对经济的影响，提出货币主义的理论政策。

就数量分析法而言，一方面，现代数学分析本身的发展为货币主义提供了坚实的基础，成为解决凯恩斯学派所无力应对的"滞胀"局面的有力工具；另一方面，货币主义运用数学模型的分析法刻画经济中市场的作用，使得数量分析法与经济理论的结合相得益彰。不过货币主义学派也认识到，虽然数学在处理抽象经济理论具有一定的便捷性，但仍易于使经济模型陷入纯粹的数学构造。因此，在经济研究中运用数学分析法，应该注意到数学分析技术作为解决具体经济问题的工具的本质，不能把经济学理论当作数学游戏。

二、供给学派

供给学派是美国的一个经济流派，兴起于 20 世纪 70 年代。该流派的主要代表人物有阿瑟·拉弗（1941~）、马丁·费尔德斯坦（1939~2019 年）、裴德·万尼斯基（1936~2005 年）、罗伯特·蒙代尔（1932~2021 年）。供给学派从某种意义上讲是问题驱动而出现的时代产物。供给学派对 20 世纪 70 年代"滞胀危机"给经济理论造成的"重创"做出修复，其并不满足于货币学派只关注货币因素，将目光也放在了实际经济方面。供给学派经济学家旗帜鲜明地反对需求管理端的政策，认为"滞胀"问题的根源是凯恩斯主义有效需求管理理论指导下的政策对经济的影响，所以他们从供给端出发分析经济的弊病所在，形成与需求管理相对的分析体系。

（一）供给学派的理论和政策主张

供给学派以生产为研究重点，主张从供给端来分析经济体系运行的规律，同时从供给端调节经济出现的问题。供给学派内部分为两个分支，即"激进的供给学派"和"温和的供给学派"。

激进的供给学派理论学说的主要内容是"拉弗曲线"（见图 3-1）和劳动与资本市场的"楔子"模型。"拉弗曲线"的提出者阿瑟·拉弗（以下简称"拉弗"）认为，经济运行中存在着能产生同等税额的两种高低不同的税率。换言之，当税率到达某一个特定阈值之前，政府税收收入会随着税率的增加而增加；当税率超过某一个阈值时，政府税收收入与税率的大小呈反向关系，税收收入随税率的增加而减少。同时，拉弗提出了劳动和资本市场的"楔子"模型，说明了改变税率对于劳动需求函数和资本形成的影响。高税率水平下，企业雇用工人的实际总支出与工人实际总工资之间的差距被称为劳动市场的"税收楔子"。"税收楔子"也存在于资本市场上，使资本成本不断上升，投资供给乏力，"税收楔子"是美国经济停滞的根本原因。然而在现实中，供给学派的预测是错误的，里根政府减税而造成了更长时间、更大额度的财政赤字，这也证明了供给学派的失败之处。正如保罗·萨缪尔森和威廉·诺德豪斯所指出的那样，拉弗曲线所预测的减税后收入会增加已经被证明是错误的。

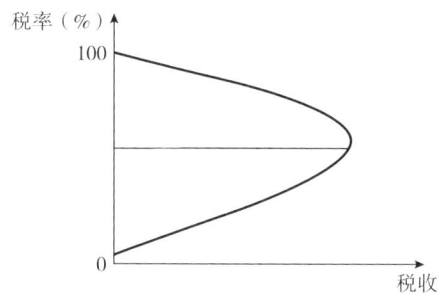

图 3-1　拉弗曲线

拉弗曲线说明了，当政府收取高税率和零税率时均不会很好地刺激经济且不会获得最高的政府收入，里根政府刺激经济最好的做法是减税降费。

激进的供给学派认为高税率是妨碍经济主体积极性和生产率下降的主要原因，主张以减税为最重要的经济政策，主要内容是大力削减个人所得税和企业所得税，刺激经济主体的积极性，增加储蓄和投资，增加社会的总供给并平衡经济供需关系，解决通货膨胀和经济增长的问题。其还主张采取相对紧缩的货币政策，消除发行过多货币造成的通货膨胀问题，减少国家干预经济生活的力度。

温和的供给学派的代表人物是马丁·费尔德斯坦（以下简称"费尔德斯坦"），他从财政赤字入手，分析经济体系中的通货膨胀、资本形成对财政赤字的影响及对财政赤字的反作用。他认为当存在财政赤字时，通货膨胀与资本增量存在正相关关系，即"费尔德斯坦曲线"，该曲线本身会随财政赤字水平的变化上下移动。温和的供给学派认为简单的减税并不能使经济自动消除通货膨胀恢复经济增长，宏观经济政策的主要任务在于平衡预算、稳定并降低财政赤字和通货膨胀率，营造出有利于资本形成的经济环境。政策实施方面，温和的供给学派主张以财政改革为主，认为平衡预算是解决问题的出发点，提倡减少政府开支以消除财政赤字和政府投资对私人投资的挤出效应，使得私人储蓄和投资占据更主要的地位，促进私人资本的形成。同时，温和供给学派认为货币增长率需要保持在较低水平，货币政策的实行需要有节制并且可预期，通过废除束缚社会生产的制度，刺激企业投资的积极性。

温和和激进的供给学派都认为经济出现"滞胀"的症结在于供给方面，认为社会储蓄率低和资本投资不足是主要的原因。两者的不同在于，激进的供给学派主张减税，认为减税会直接对政府收入产生影响，并抑制通货膨胀和推动经济增长。温和的供给学派认为，应该从"费尔德斯坦曲线"出发，以改变税制结构、压缩政府预算、平衡财政赤字作为重要手段，提高资本的供给水平，从而提高经济的产出水平。

（二）供给学派的数量分析法

供给学派作为有效需求管理理论的对立面出现，尤其是对解决当时经济面临的"滞胀"窘境的心切状态，导致在某种程度上该学派表现出一种问题导向的分析范式。供给学派提出了供给侧改革。

供给学派的数量分析法主要体现为使用数学模型阐述其经济思想，并通过数学分析法实现了对经济理论的呈现。数学公式的运用及几何分析法都使得供给学派轻而易举地给人以直观感受，这也凸显了供给学派以问题为导向的分析范式表现出的直面观。供给学派具有以政策为出发点倒推经济分析法的意味，其以"拉弗曲线"为代表的几何分析法的运用，加上税收理论模型的分析，形成了供给学派的主要特点。供给学派推崇供给侧的政府干预，这种干预政策的形成从政府的角度来看只有通过开支和收入决定，因而形成独特的"拉弗曲线"。从这种角度来说，供给学派的数量分析法天然离不开数学模型分析，这对政策干预的正当性和客观性有重要的作用。无论是对边际税率还是对自然利率的分析，都体现出了其对古典经济分析的一种回归，而供给学派的代表人物也曾表示，供给学派在理论上是古典经济学的现代形式。

三、理性预期学派

资本主义经济"滞胀"发生后,现代货币主义学派的经济理论和政策主张并没有获得令人满意的效果。以罗伯特·卢卡斯(1937年~)为代表的经济学家们,在吸收经济思想史上现代货币主义学派预期理论的基础上,创建了理性预期学派。

(一)理性预期学说与政策主张

理性预期学派的预期观点是在吸收经济思想史上预期机制的基础上形成的。经济思想史上有三种形态的预期机制:

其一是静态预期,由卡尔多在蛛网模型中提出。这种预期机制假设经济活动的主体完全按照已发生的经济情况做出行为决策,其模型为:

$$P_t = P_t \tag{3-12}$$

其二是非理性预期,由凯恩斯在货币理论中提出。凯恩斯认为,经济主体在不确定经济环境下做出的决策,受内在的情绪影响,预期本身与外部的经济环境无关,其模型为:

$$P_t = P_t + a(P_{t-1} - P_{t-2}) \tag{3-13}$$

其三是适应性预期,最初由菲利普·卡根在1956年提出。适应性预期考虑前期预期与前期真实值的差距,并根据差距调整本期预期。模型为:

$$P_t - P_{t-1} = a(P_{t-1} - P_{t-1}^*) \text{①} \tag{3-14}$$

理性预期理论认为,经济主体会尽可能利用全部可得到的信息,不仅仅从过去的经验中撷取信息。经济主体的预测会因为知识的完备性和运用知识的能力与"正确"的结果有所偏离,但是预测者会根据新的信息及时对已有的预期进行修正。理性预期学派以理性预期为基础,分别提出了货币经济及实际经济周期理论。其中,货币经济周期理论认为,经济波动的主要原因是货币供应量的突然变化。货币当局增加货币供应量时,物价水平上升,生产者会根据供需原则增加投资,扩大生产规模,经济持续增长。但是生产者一旦发现价格水平是货币因素导致的,就会减少投资,缩减生产规模,于是经济开始低迷,形成经济周期的波

---

① 式(3-12)至式(3-14)中,P代表行为,下标t表示不同时期,a是一个常数,*代表真实值。

动。实际经济周期理论是，经济波动是实际经济方面的原因造成的，其中技术冲击是收入和投资变动的根源。

理性预期从渊源上更接近古典经济学派，其崇尚自由主义，尤其是在政策执行方面也同样崇尚经济自由主义，反对凯恩斯主义的政府干预。但与现代货币主义不同的是，理性预期学派认为货币政策在长期和短期内都是无效的。理性预期学派认为，经济主体采取理性预期的情况下，会估计货币供应量的实际结果，采取相应的预防性措施。一方面，可预测的货币供给部分对实际经济变量无影响；另一方面，不可预测的货币供给会加剧经济的波动。当货币当局按照可预期的货币规则增加供应量时，经济主体会预测并掌握当局的政策规则，货币供给量的增加不会引起实际经济变量的变化。同样，这种预期也会导致财政政策无效。罗伯特·巴罗（1944~）利用理性人假说，提出了李嘉图等价定理的现代观点，认为在本质上征税和举债对社会造成的负担是等价的。考虑到代际之间的传递，今天的纳税人会考虑后代的福利，并且今日的纳税人具备理性预期的特点，如果政府增加财政预算赤字，无论是在同代之间还是在代际之间，征税带来的短期的政府收入增加，会被私人储蓄减少所抵消，经济系统不会出现消费扩张，有效需求也不会增加。因此，理性预期学派认为，国家干预越少，经济效率也就越高。

（二）理性预期学派的数量分析法

理性预期的理性原则和均衡分析法来源于古典经济学的自然秩序，因此其对数量分析法的广泛运用也反映了理性预期学派的经济哲学基础。理性预期学派完善了古典经济学中对"理性人"的假设。理性预期学派系统分析了理性人应具备的条件，并说明这些条件发挥的作用，以及理性条件受到限制情况下主体仍对理性的追求。这种理性原则基于对理性人存在"不理性"的假设，提出了在"不理性"出现时经济主体的应对，说明理性人的假设是合乎常理的，从而完善了"经济人"的假设。由"经济人"所具备的理性原则出发，理性预期学派分析了经济中均衡达到的条件。理性预期学派分析了市场经济力量对经济系统的作用，并说明了在预期的作用下政策的无效性。

因此，理性预期学派在经济学研究中对数量分析法的运用也是对自然科学研究方法的复制刻画，即利用数学方法表达和论证，其数量分析法的最主要表现形式是数学模型的构建。从理性预期模型到实际经济周期理论，理性预期学派利用多方程系统构建社会经济系统形成最优资源配置作用的机制,即市场机制。从边际的最优到拉格朗日乘子的赋值原理,说明企业、家庭及社会计划者在经济运行中遵循的规律。对数学模型的追求,使得理论预期学派排斥经济体系中所产生的不确定性,认为任何经济的不确定性都可以通过个体对预期的不断修正加以排除。

四、新制度经济学

(一) 新制度经济学的理论

新制度经济学是 20 世纪六七十年代在美国形成和发展起来的。它和制度学派、新制度学派在理论上并不存在关系。新制度经济学引入制度因素,说明与市场经济发挥相对作用的组织形式在经济运行中的作用及产生的成本,拓宽了传统经济学的解释范围。其理论分支主要包括:交易成本对经济成本的补充、产权安排对资源配置的作用及契约设定对经济体系成本的影响。

交易成本(Transaction Costs)是由罗纳德·哈里·科斯(1910~2013 年)提出的,科斯认为企业组织形成过程是作为与市场运行机制相对立的运行机制出现的。古典经济学认为,市场价格是调配资源的有效方式,但是科斯认为市场在调配资源的过程中也是有成本的,如市场价格发现的成本,即交易成本。这种交易成本高到一定程度的时候,采用市场机制来调配资源就会得不偿失,因此需要一种新的机制来降低成本,这就是企业形成的原因。企业的组织形式产生的原因在于把市场上的交易成本内部化,依靠分工和市场价格的共同作用,在组织内形成商品的交换,产生了专业分工,价格的决定在企业内部依照计划或规定形成。不再产生由于发现价格时摩擦所造成的损耗,从而降低了交易成本。科斯认为,企业的边界由交易成本的大小与市场发挥作用的效果来决定,即企业组织形式是对市场力量的有效补充。

产权安排对资源配置的作用是后来的经济学家们对科斯理论的分析总结得来的,也被称为"科斯定理","私人成本和社会成本将会在完全竞争的条件下达到相等"① 这就意味着在完全竞争条件下,只要产权严格界定清楚,交易成本就为

---

① 乔治·斯蒂格勒. 价格理论 [M]. 施仁,译. 北京:北京经济学院出版社,1990.

零,市场机制的作用可以实现。对产权的进一步分析形成了对自由市场的肯定,即"科斯第二定理",在存在交易成本的情况下,对经济资源配置的最优方式是通过自由市场交易确定产权安排。这种产权理论经过奥利弗·威廉姆森(1932~2020年)、阿门·阿尔钦(1914~2013年)、哈罗德·德姆塞茨(1930~2019年)等发展形成了产业组织理论。他们分析了产权的起源,并分析论证了产权的设置对经济外部条件成本的影响,并补充了古典经济学关于价格机制作用发挥的条件,认为完善产权保护的产业制度加上自由竞争,便可以保证产业效率的提高及资源的有效配置。

契约理论是在交易成本理论和产权理论的基础上发展起来的。契约理论分析了存在不对称信息和产权制度不完善的情况下,不同经济合约对经济效率的影响。契约理论认为,交易成本之所以产生,一部分是因为交易主体在经济交易过程中所处的地位不对等;另一部分是因为交易对象本身具有不完全经济性,造成信息的不对称,这种不对称造成经济效率的损耗或者经济成本的提高,而通过设计契约,可以减少由这种不完全性造成的经济成本。契约理论衍化出了经济中的委托代理理论。该理论认为经济组织就是通过达成一系列的经济契约,以降低经济中的信息不对称性造成的经济效益损失。委托代理理论认为,在不对称的信息条件下,委托人和代理人的利益关系相悖,通过契约设计可以约束代理人的行为,使之在决策中更有效地尊重委托人的利益。

(二) 新制度经济学的数量分析法

新制度经济学的研究方法论是一种复合的经济学范式,并且将托马斯·塞缪尔·库恩利用科学史研究科学哲学的方法论思想引入了经济学方法论研究中。他们以产权和制度为研究对象,既扩展了传统经济学的范式,同时也用传统经济学的基本理论假设探讨了许多原先被认为不能分析的经济、政治现象,并且比主流经济学更重视对历史和文化的研究。相对来说,其数量分析法处于次要位置。

因为新制度经济学研究的是以交易成本、产权等制度性设计与经济的关系,因此其所使用的数量分析法主要有两种:一是从经济史的角度入手,利用历史数据研究经济与制度之间相互作用的内在机制,从历史演进的角度出发,设计不同历史阶段的制度性变量(通常是替代变量),获得描述制度性变量的历史数据信

---

① 美国科学史家,科学哲学中历史主义的重要代表人物。

息,利用计量手段考察制度变迁对经济增长的作用。二是从制度本身出发,直接将制度分解为不同的结构变量,即社会性变量、经济性变量和政治性变量。通过分析制度结构变量对经济增长的影响,如产权安排对经济增长的促进或者抑制作用,说明制度的重要性。这两种数量分析法在思路上各有重点,一个是从历史演进的角度分析,另一个是从比较静态的角度分析。但是就技术而言,都体现了计量建模与统计技术在制度分析中的应用。这一时期的计量分析法如工具变量(Instrumental Variables)分析法,对于寻找制度因素的替代变量大有裨益。

新制度经济学认为数量分析本身可以有更大的作用,即在经济分析过程中引入制度性变量,分析经济增长的制度性成本。他们提倡把制度的因素同传统的经济分析法结合起来,以弥补传统经济分析中数量分析法运用形成的片面结果的不足。他们认为,传统的数量分析都是对经济系统静态均衡或者比较静态均衡的分析,这种分析呈现出的经济规律具有严重的片面性,因而这种均衡分析是不完全的,只考虑到价格与市场交易的关系,以及由此推导过程中以偏导为基础的数学分析所形成的最优化结果是完美的假象,而忽视了经济中最重要的制度成本。

新制度经济学认为数量分析法的局限性体现在数学不能完全刻画经济体系中的关系,以数据或者模型构建的经济体系关系不能完全反映关键的非经济因素的影响,如社会因素、政治因素和文化因素等,而这些因素是经济学中"质"的关系的真正体现。新制度经济学推崇更为全面的"制度—结构分析法",以此刻画经济学中更加完备的成本。

第三节 其他学派经济的数量分析

凯恩斯主义相关学派及自由主义相关学派的经济学方法论经历了从以实证主义为主导思想到以证伪主义为主导思想的转变。各经济学派的经济思想及经济学方法论也呈现多元化的发展趋势,其他一些非主流经济学派,如新制度经济学派、新奥地利学派及行为经济学等的数量分析法也各有特色。

一、制度学派

制度学派按照历史时期可以分为旧制度学派和新制度学派。制度学派深受德国历史学派的影响,在很多方面是一脉相承的。

(一) 旧制度学派的理论及分析法

旧制度学派的创始人是索尔斯坦·凡勃伦(1857~1929年),他最先创立了一套从制度角度分析经济现象和问题的理论体系,即建立以研究制度演进过程为基本内容的经济理论,主张从制度或结构上来改革资本主义社会。索尔斯坦·凡勃伦(以下简称"凡勃伦")批判资产阶级满足个人效用最大化的经济学,主张经济理论的研究重心应从经济制度和结构角度分析入手,分析资本主义经济体系的弊病,并探索改良方法。凡勃伦从制度的整体性和动态性入手,认为经济分析需要从演进的角度实现经济制度和结构的优化调整,因为"社会结构的演化过程就是制度的自然选择过程""制度也是人类关系和社会生活的特定方式,因此它们本身也是选择过程的重要因素"。[1] 他提倡制度和技术二分法,认为技术促进制度改进。同时,他认为抽象演绎方法缺少制度因素,所以效力略显普通,因此需要依托更多的统计调查,对不同制度下经济事实归纳总结,并利用统计方法弥补抽象演绎方法的不足。

约翰·康芒斯(1862~1945年)是旧制度学派的另一位重要代表,他的贡献主要体现在三个领域:社会改革、研究生教育和劳动经济学。约翰·康芒斯(以下简称"康芒斯")的理论特点也是进行制度研究,他认为"制度"是人类社会经济演化的动力,是"集体行动控制个体行动",制度经济学所研究的是"业务机构的资产和负债",而不是亚当·斯密的"国家的财富"。[2] 康芒斯的研究方法是对新古典静态分析方法的拒绝,其加入了历史的和法律的方法,他认为交易是一个经济学、物理学、伦理学、法律学和政治学的相聚之处,而非只有价格在起作用。他这种把交易作为制度进行研究的做法,为以科斯等人为代表的新制度经济学开辟了研究方向。

---

[1] 凡勃伦. 有闲阶级论 [M]. 蔡受百, 译. 北京: 商务印书馆, 2004.
[2] 康芒斯. 制度经济学 [M]. 于树生, 译. 北京: 商务印书馆, 2009.

(二) 新制度学派的理论及分析法

新制度学派形成于 20 世纪 50 年代，在以凡勃伦和康芒斯等为代表的旧制度学派的学说基础上衍生而来。新制度学派的代表人物有约翰·加尔布雷斯（1908~2006 年）和冈纳·缪尔达尔（1898~1987 年）等。新制度学派坚持制度作为分析对象，与旧制度经济学相同的是，两者皆从制度的起源、演化及其对经济体系的作用分析资本主义经济发展的真正规律。新制度学派更强调制度的动态分析，新制度学派的研究范围更广，涉及政治、社会、心理、风俗和文化等多个方面，形成了系统的经济理论。可以说，新制度学派在现代西方经济学流派中独树一帜，它既反对凯恩斯主义的各个学派，也反对现代货币主义和其他新自由主义学派。加尔布雷斯等所提出的价值判断问题认为，无论是主张市场调节的新古典主义，还是凯恩斯主义都失灵了，只有新制度学派才能解决资本主义社会所存在的经济高度发达但经济结构畸形化的问题①。

在分析方法上，新制度学派提倡用动态演化的方法研究经济制度，对传统经济学静态分析法起到了补充作用。新制度学派也注重分析制度的过程和整体性，利用开放性的分析范式研究涉及经济制度的各个因素，认为制度不但包括量的分析，更包括质的结构分析，还包括风俗习惯、心理因素等社会经济制度的形式。新制度学派认为揭示资本主义社会发展规律的本质在于对制度和结构的分析。

就数量分析法而言，新制度学派和旧制度学派一样，认为主流经济学流派所一贯采用的数量分析法具有较大的局限性，因为正统经济学对量的分析忽视了质的问题，所以并不能真正解释经济规律，提倡应该从心理、社会、文化等方面分析经济制度和结构。他们认为数量分析法不能实现对制度整体性的完美刻画，因此反对主流经济流派过度数理化的分析法。新制度学派主张从根本上重建现代经济理论的方法论基础。新制度学派认为由于技术不断变革，经济制度和社会结构处于不断变化中，所以在经济学中必须研究变化和演进。

二、新奥地利学派

新奥地利学派是 20 世纪 60 年代在奥地利学派的基础上形成的。新奥地利学

---

① 加尔布雷斯. 经济学和公共目标 [M]. 蔡受百, 译. 北京：商务印书馆，1980.

派的代表人物有路德维希·冯·米塞斯（1881~1973年）、弗里德里希·奥古斯特·冯·哈耶克（1899~1992年）、约瑟夫·熊彼特（1883~1950年）、弗里茨·马克卢普（1902~1983年），其方法论来源于门格尔的思想，并由路德维希·冯·米塞斯（以下简称"米塞斯"）传承并修订。

（一）新奥地利学派的理论

新奥地利学派认为，经济体系的生产和消费的结构应该相互对应，数量应该契合，这样经济中才有可能产生均衡；如果生产与消费的结构不对应，就会产生不均衡的状态。生产对应的资本需要，消费对应的商品需要，分别构成资本结构和商品结构。资本结构与商品结构对应的利率和价格结构的互动变化，导致经济的增长波动和衰退。新奥地利经济学派分析了市场过程中经济主体的选择行为对市场资源配置作用的影响，认为经济主体并非具有完全理性，所以市场过程是相互联系的市场决策网络中的一系列变化，虽然存在均衡，但是许多方面都是非均衡的。

新奥地利学派反对货币数量论的观点，认为其不足以解释货币价值的变化机制。新奥地利学派的货币理论从个人主义、主观主义方法和微观角度进行分析，讨论货币价值的决定问题。新奥地利学派认为，货币的价值取决于两个方面：一是客观的交换价值，即货币本身可以交换商品，商品的价值是其客观的交换价值；二是货币的主观效用价值，即货币在未来进行交换的能力。货币进入经济分析的路径有两条：一是货币增加经济的不确定性；二是货币产生相对价格的变化引起人们收入相对变化，进而影响人们的决策。新奥地利学派引入理查德·坎蒂隆关于货币引起经济中不同部门价格水平的变动的观点，并称之为"坎蒂隆效应"。他们认为，货币进入经济体系对价格的影响并不是普遍统一的，会对某个行业或部门的商品或服务的价格先产生作用，其他行业或部门的商品或服务的价格次第发生变化。在不同的产业或部门之间，这种价格的结构性变化会在经济体系中传导，引起整个经济体系商品价格的波动，并表现为经济中的通货膨胀。

新奥地利学派以货币演化理论为基础，利用个人行为学的分析方法，讨论货币对个人决策发挥的影响。他们认为，货币可以通过对不同时点的价值配置，使代际间的经济决策联动成为可能。另外，货币对相对价格的影响可对不同的市场产生作用。他们强调货币非中性，认为货币对生产结构产生影响，说明生产过程中的不确定性，进而延伸至市场经济过程中的不确定性，最后具体表现为经济周期的出现。

（二）新奥地利学派的数量分析法

新奥地利学派的方法论以个人主义、主观主义、演化主义为特点。他们以对人的研究为起点，研究人的行为对经济体系运行的作用，因而其方法论也与主流经济学派有一定的差异。新奥地利学派对"理性人"的假设持质疑态度，"理性人"假设作为一个紧约束，过分强调了决策中的理性作用。一方面，理性并不是个体必然的特质；另一方面，具备理性的个体也不一定依照理性行事。如果过分夸大人类理性的作用，就是对人性中的短见、轻率、愚蠢等特质视而不见。新奥地利学派从过程论的分析方法出发，认为市场经济活动中因为人类的非理性所造成的不确定性是普遍存在的。因为人行为的不确定性加上未来知识的不可预测性，使得任何对经济数据的测量，以及从这些测量中得出经济未来动向的工作都是徒劳的。因此，他们认为将传统的经济现象看作是确定性的问题是不妥的，而是强调市场过程的影响及过程中不确定性对经济的影响。另外，新奥地利学派认为应该以社会历史的观点看待经济学，将具有社会特征的经济学与自然科学区分开来，正如米塞斯所指出的："经济学对市场现象发生顺序的规律性与相互依存性的发现超出了传统学科的限制，经济学所传递的知识既不能归入逻辑学、数学、心理学、物理学，也不能归入生物学。"[1]

新奥地利学派所持有的，对于经济社会复杂性与不确定性、理性和知识的有限性，以及对时间过程和市场过程的强调，使得他们与主流经济学在许多方面相去甚远。他们反对主流经济学使用的经济数学模型和计量经济学方法，认为由充满不确定性的主体所产生的历史事件，都非常容易受主体行为的影响，产生众多变化，并且造成不可预知的结果。因为人本身就是善变的，所以主体之间不存在确定不变的关系，从而用确定的数学方程式构建由人的行为产生的经济现象并将其称之为规律，是一种武断的陈述。经济规律应当是有起源和演化过程的，本质起源于经济主体对效用和行为的主观评价。正如弗里德里希·奥古斯特·冯·哈耶克在1974年诺贝尔经济学奖的获奖演说中提到的，就经济学和处理其他复杂

---

[1] 路德维希·冯·米塞斯. 人类行为的经济学分析[M]. 赵磊, 译. 广州：广东经济出版社, 2010.

现象的学科而言，与自然科学不一样，以数据来解释事物本质的做法必然是非常有限的，而且这种做法不一定能够抓住主要方面……显然，我们知道，无论是市场结构还是其他类似的社会结构，有很多事实对时间的影响都无法用数据证实。

由此，新奥地利学派反对数学方法在经济中的过度应用，认为数学模型和计量经济学并不能说明经济运行的真实规律。出于对经济中不确定性的批判，新奥地利学派认为，经济中没有常量，因为能够测量的是过去的量，而未来的量是永远不可知的，没有"常量"的经济体系，无论有多少"变量"构建出的模型用以解释经济的运行规律都是没有意义的。新奥地利学派认为"有人提出在社会科学中运用数学，并且相信这样将使社会科学更加'精确'或者更具确定性"是不恰当的，同时"方程式和无差异曲线所处理的也是一个假想的不存在的状态①"，只是一些经济学家为了方便而臆想出来的一个表示静态均衡的概念。数学方法本身是一种精确的研究方法，但是这种分析法的应用不能也不会使本身充满不确定性的经济学变得更加精确。因为是否精确取决于所研究学科的问题本身，而不是取决于所使用的数量分析法。如果所研究的问题本身是不确定的，便不会因为数学方法的运用变为确定的，因为"在经济学中，数值之间并无确定的关系，方程也就没有实用之效"。

与此同时，新奥地利学派还反对计量经济学中运用数据处理技术说明经济理论联系。新奥地利学派认为这种方法是试图模仿自然科学方法说明社会中复杂的规律，计量经济学对这种复杂性的刻画往往是抽离了经济学的本质特点，而赋予经济变量简单的数值，用以表示相互关系，并通过对数值的处理说明关系之间不变的定律。然而，经济复杂性的本质特点就是不确定性，即时刻变化性，运用计量经济学对不变性的刻画忽视了主体的变化。"数学的巨大力量在于，它使我们能够描述我们无法运用感官认知的模式，并且能够解释具有高度抽象性的模式或类别的共同属性。"② 所以他们认为，这种对本质规律的忽视，极易让人们对结果完美呈现造成的假象沾沾自喜，并且进一步地过于依赖数量分析法的运用，从而造成唯数学方法的谬误。

---

① 米塞斯. 货币、方法和市场过程 [M]. 戴忠玉，刘亚平，译. 北京：新星出版社，2007.
② 弗里德里希·冯·哈耶克. 复杂现象论 [M]. 冯克利，译. 南京：江苏人民出版社，2003.

三、行为经济学派

行为经济学与实验经济学、神经元经济学等崛起于 20 世纪 70 年代,属于一种跨学科研究广义行为的经济学流派。其把心理学、实验方法、生物学、哲学、社会学与经济学进行了整合,因此受到了主流经济学界的关注。

(一) 行为经济学的理论基础

自边际革命以来,主流经济学已逐渐发展成如同自然科学般精致的理论体系,其核心是被奉为经济学基本规律的一般均衡理论。基本上所有的经济学分支都必须从一般均衡理论中得到验证,才能获得理论的合理性。因此,一方面许多理论经济学家普遍认为经济学乃至整个社会科学都是不可实验的;另一方面在强调演绎和数学逻辑严密性的一般均衡的经济学家们看来,没有进行经济学实验的必要,即便可以找到一些经验事实存在的证据和无法解释的异象,既有的计量方法也足以研究经济规律,而无须用实验的方法来证实。

当具有较多属性、变量、因素的复杂事物被较少的变量简单地解释或演绎,而这种简单的解释与演绎又不断受到挑战时,研究范式的转变就不可避免地产生了,而研究范式的转变又会催生科学革命。尤其是当一般均衡理论及其相应的检验方法不断受到实际运用的挑战,而各种计量估计方法的局限性又不断被发现,因此具有对现实描述特点的行为经济学便应运而生了。2002 年,丹尼尔·卡尼曼成为第一个获得诺贝尔经济学奖的心理学家,他将心理学的前沿成果引入经济学的研究中,突破了主流经济学中的理性人及利益最大化的假设,将理性人拓展为具有感知、动机、态度、偏好等属性的"社会人",其相应的研究成果涉及主流经济学的各个主要分支,"行为经济学派"就此诞生。

行为经济学的产生和发展,极大地丰富了经济学研究对象的情感、认知、心理过程等因素,具有跨学科、知识碎片化的特点。这便产生了一个新的问题,在行为经济学的研究范式中,研究对象属性的变化、心理过程的发展很难通过直接观察得到,其可重复性也往往无法保证,而可控的实验方法则恰恰可以通过提供实验数据得到现实观测方法中无法获取的数据。因此,严格意义上来讲,实验经济学不是一门学科,而是一种被行为经济学所广泛采用的研究方法,实验经济学获得的成果,形成并完善了行为经济学对客观世界描述的现实依据。

(二)复杂性科学的引入

行为经济学的方法论基础是复杂性科学①,它突破了传统经济学的人性假设,将"理性人"拓展为具有"七情六欲"的人,完善了对人们心理过程的描述。但是如果行为经济学只通过实验的方法进行研究,既不能够保证总是准确获知实验对象真实的心理状态变化,也无法排除特定"实验环境"下研究对象的行为模式与真实生活中行为模式的差异。因此,一方面要在经济学实验中加强对现实观测的准确性,另一方面要对其研究方法论和数量分析法进行改革。人们发现,经济系统实际上是一个由大量主体(Agent)组成的复杂适应系统,这些微观主体具有有限理性、学习能力、归纳能力和自适应能力,微观个体之间的交互作用会产生系统宏观层面的涌现现象。②

因此,为了对经济系统真实程度进一步还原,行为经济学的方法论引入了复杂性科学。就方法论而言,传统经济学的研究范式很大程度上受到了经典物理学的影响,在牛顿时代,世界中的每个事件都是由精确的初始条件决定的,世界的运行犹如一只由各种精密零件组成的钟表,偶然性基本不起作用。这种机械自然观当然也就不可避免地影响着人们对社会科学领域的认知,经济学则是一个最为典型的领域,人们经常把经济系统视为一只机械的钟表,其运行遵循物理定律在经济系统内的某种线性映射,如亚当·斯密使用类似于牛顿万有引力定律的"看不见的手"来解释经济系统的状态变化。然而,经济系统是开放的复杂系统,即便是经济系统内一个相对简单的市场交易过程也可能包含数以百计的部门和数以万计的影响因素,加之经济行为的参与主体——"人"具有复杂性。如果依据传统的视角建立方程描述系统,这样的方程将具有极大的非线性。在行为经济学中,一些具有代表性的个体的心理过程、行为习惯等因素可以通过可控实验的方式获取。但是面对具有大量不确定性因素的复杂系统,行为经济学及相应的实验经济学方法的局限性就显而易见了。就宏观层面而言,引入复杂性科学的关键在于经济系统的运行并不是其内部若干个参与者行为的简单加总(整体等于局部之

---

① 复杂性科学是以复杂性系统为研究对象,以超越还原论为方法论特征,以揭示和解释复杂系统运行规律为主要任务的新兴科学研究形态。

② 涌现(Emergence)指某些性质并不存在于系统中的任何单个要素当中,而是系统在低层次构成高层次时才表现出来。

和是传统经济学解析范式的思想,一般可以通过建立一些强假设削减复杂性),而是众多参与者行为非线性相互作用的结果,即便局部参与者个体的行为规则非常简单,在这些非线性相互作用的影响下,系统在宏观层面也会涌现出不可预测的现象。随着行为经济学研究的不断深入及实验经济学方法的不断完善,在局部参与者个体行为由简单的行为规则转变为复杂的心理过程后,以非线性的相互作用影响,系统将在宏观层面显现出更加复杂多变的现象。

(三)计量经济学的产生与发展

在复杂性科学的思想被引入行为经济学研究后,基于传统经济学逻辑推理过程的严格假设不断被打破,虽然打破或放松这些假设可以使模型更加接近现实,但与此同时,模型的复杂度也会大幅增加,甚至无法通过既有的方法求解。因此,一些学者提出,可以借助计算机强大的分布式仿真技术和高效的计算能力建立一个模拟真实情形的人工经济系统来研究复杂的经济现象。依据这一思路,一方面,经济系统模型摆脱了传统方程解析式的限制,更加接近真实;另一方面,计算机仿真技术的引入强化了系统中变量的全面性和可控性。1993年,莱恩首次提出了基于Agent的可计算模型来模拟经济系统的运行(Lane,2013)。经济系统中局部现象与全局现象的差异、内部交互机制与整体涌现现象的关系、如何解释传统经济学无法解释的现象等均是这一思想产生的源泉,在解决这些问题的过程中,基于Agent的计量经济学(Agent-based Computational Economics,ACE)的数量分析法逐渐兴起(Bruun,2002)。

ACE从经济系统的基本构成要素(Agent)出发,通过计算机模拟大量微观Agent之间真实的自组织、自适应行为来生成经济系统。自1993年以来,计量经济学的应用领域不断拓展,多种研究对象的属性载体不断被优化挖掘(如元胞自动机、复杂网络等),多样的仿真平台不断被开发,不仅丰富了经济学研究的工具方法,更带来了经济学研究思想的深刻变革。2009年,*Nature*杂志上甚至刊载了有关计量经济学能否成为主流经济学的文章(范如国等,2013)。与传统经济学相比,计量经济学对个体的刻画不再一味追求数学表述上的方便,而是认为不同个体的差异不能在数学上相互抵消,充分考虑了造成系统宏微观差异的行为模式的多样性(Arifovic,2010)。与行为经济学和实验经济学相比,计量经济学模型的实验环境完全由计算机建立,只要对经济系统的刻画足够全面,模型的设计者就可以将影响个体心理过程的所有因素都融入模型，不再局限于完全理性、有限理性等少数具有代表性的心理情感范式，可以最大程度地避免实验受到参与者主观因素的影响，从而使实验环境在可控的条件下不断接近真实环境。

桑塔菲研究所（Santa Fe Institute）建立的人工股票市场模型及其后续衍生模型是计量经济学经典的应用之一（Arthur et al.，1996），即利用计算机仿真直接构建人工金融市场模型，通过模拟微观个体投资者的投资行为、策略（如投资者之间的信息沟通、羊群行为、情绪传染）形成宏观层面的投资需求；继而通过模拟市场监管部门的措施，分析各种投资策略、监管措施可能对市场产生的影响，并进一步评估宏观政策实施的可行性。这些研究发现，人工股票市场不仅能产生与实际股票市场具有相同统计特性的时间序列，而且能模拟真实情形下股票市场的异常波动（传统的价格模型往往无法实现）。

目前，计量经济学的应用已经涵盖金融、电力、劳动力、供应链、零售、物流等领域，所涉及的主体类型与属性也越来越多样化。然而，在传统经济学家眼中，计量经济学也存在着自身的局限性，如不经过严格的数学推导证明而由计算机模拟出的结果的可信度问题；另一个则是计量经济学模型的可重复性问题，与实验经济学类似，由于研究主体行为的复杂性，相同的模型可能会在多次实验、多种群体规模条件下呈现出不同的结果。

第四章 计量经济学及其数量分析

第一节 经典计量经济学的形成和发展

一、经典计量经济学的形成

经典计量经济学的形成和发展，在很大程度上来说得益于考尔斯经济学委员会（Cowles Commission for Research in Economics）[①]的工作。考尔斯经济学委员会与计量经济学会有着组织上及学术方面的实质性联系，其主要目标是致力于有关经济理论度量的学术研究，助力理论构建、理论检验与度量检验方法的发展。如前文所述，早期的经济学家对需求和供给问题的研究多为单独研究需求或供给。因此，如何联立需求和供给、检验并估计联立方程组是经典计量经济学形成时期的主要研究问题。考尔斯经济学委员会关于联立方程模型的研究既是这一领域的开创性工作，也是经典计量经济学形成的标志（王少平和胡军，2013）。从联立方程模型的研究过程来看，这些开创性研究成果主要由马尔沙克、科普曼斯、哈维默完成。

20世纪40~60年代的计量经济学发展集中于宏观计量结构方程体系，其中

[①] 考尔斯经济学委员会成立于1932年，其与计量经济学会的实质性联系包括：计量经济学会作为考尔斯经济学委员会的主要发起人之一，考尔斯经济学委员会接受计量经济学会任命的顾问理事会成员的监督和指导，承担计量经济学会出版发行《计量经济学刊》的费用，同时考尔斯经济学委员会与计量经济学会共享研究资源。

的代表人物之一是劳伦斯·克莱因（1920~2013年），他把凯恩斯主义宏观经济学的分析与计量经济学的方法结合了起来，并且把凯恩斯的经济理论完整表述为数学形式；他提出的宏观经济计量模型，在结构、规模和估算方法等方面都是现代宏观模型的雏形，给后来宏观计量经济模型带来普遍而深远的影响。

在考尔斯经济学委员会工作期间，劳伦斯·克莱因（以下简称"克莱因"）创立了他最早的预测模型。模型由12个行为方程和4个恒等式构成，其中包括3个货币市场的行为方程、4个描述住房市场的行为方程、1个简单消费函数、1个劳动力需求方程、1个厂房设备投资需求方程、1个存货需求方程和1个产量调节方程。模型是非线性的，做了识别讨论；系统的参数用两种方程估计，即有限信息最大似然法（LIML）和普通最小二乘法（OLS），两者的结果十分地接近。后来克莱因不断完善他的模型，并发展成为了"克莱因-戈德伯格模型"。作为结构分析、预测和政策评价的一个解释模型，用以对凯恩斯理论体系的定量表达，这个模型至今仍然是有效的。该模型的一个突出特点是其作为连续计划的一部分，要不断地研究新数据、重新形成和外推。在模型能够成功地用于分析和预测之前，克莱因和戈德伯格特别强调需要对连续参数重新估计。希克斯和兰格开发了这个体系的数学表达式，通过对劳动就业应用生产函数和边际生产率条件，将模型在新古典方向进行了拓展。通过利用累计投资、时间趋势和库伊克（Koyck）分布滞后，还使模型带上了动态部分。此外，因为模型还包含了许多非线性的变量，为了得到整个系统的解，需要对这些非线性变量以近似方式线性化。模型的框架基本上由20个方程组成，整个模型包含63个变量，20个是内生的变量，43个是预定的变量，其中包括19个当期外生变量和24个滞后变量。模型用有限信息最大似然法（LIML）进行估计，在计算方面还有一个优点，即通过单个方程结构特征的简要说明，可以准确描述整个模型。

在"克莱因-戈德伯格模型"的基础上，其他经济学家对其进行了改进，依次是沃顿季度模型、沃顿Mark3、经济分析局模型和蔡斯（Chase）经济计量模型（Intriligator，1978）。在20世纪50年代，其他学者也相继构造了其他类似的宏观计量模型。Stefan（1955）根据西蒙·库兹涅茨和雷蒙德·戈德史密斯收集的数据进行十年平均，建立了1869~1953年美国经济增长的计量经济学模型。虽然Stefan的方程组中待估计的参数是线性的，但是方程组的变量则不是。因此,其参数估计采用的是有限信息最大似然估计技术,但因计算机容量的限制而按比例进行了缩减。Suits(1962)对"克莱因-戈德伯格模型"做了延伸,提出了结构独特的休茨模型,他用了16个随机方程和17个恒等式,因为不相信联立方程估计的对策是有价值的,所以他采用普通最小二乘法(OLS)以一阶差分形式估计参数。这个模型的最大特点是,它以实际值确定所有变量,用线性化技术处理非线性恒等式,模型是完全线性的。这也从侧面说明了计算机的计算性能对计量经济模型甚至是数量分析法发展的重要作用。

二、经典计量经济学的发展

20世纪50年代末到70年代末是经典计量经济学的发展时期。这个时期的计量经济学主要在两个领域取得了重大进展,一方面是宏观计量模型的进一步精细和复杂化,另一方面是微观计量的发展。

随着人们对于生活中复杂世界的认识日益提高,分析工具也日益精细化,20世纪60年代的宏观计量模型上了一个新台阶:模型的规模越来越大,范围越来越广,复杂性越来越高。如果说20世纪60年代初出现的"克莱因战后季度模型"大致是中型的,那么20世纪60年代末出现的布鲁金斯(Brookings)模型[①]就是庞然大物。这是第一个真正的大规模宏观计量经济模型,其中的若干个版本包括了近400个方程。另外,这些模型的理论精度越来越高,显著增强了模型的可操作性,如在某些情况下可将常规的宏观经济计量模型与投入产出模型联立;随着计算机性能的提高及计算机技术的发展,本来的非线性关系不再需要为便于计算而线性化,也可以通过更长或更复杂的滞后设计发展动态与随机模型,而且也找到了大型模型的分块递归结构以便更好地处理因自由度约束产生的相关性问题。

在今天看来,计算方法的研究创新才是布鲁金斯模型最持久的贡献所在,现在广为人知的求解技术和模拟程序就是在1964~1969年由布鲁金斯模型衍生出的。由于模型的规模庞大,求解出现了两个困难:一是初始阶段,模型包括200

---

① 该模型先被称为SSRC(美国社会科学研究委员会)模型,后来又叫SSRC-Brookings模型,最后才被命名为Brookings模型。模型由精通特定领域的30多位经济学家们共同研究构造,其中两位主要参与者包括克莱因和弗洛姆。

多个方程和几乎一样多的预定变量,但是估计依据只有1949~1969年近60个观察值的样本,因此需要解决自由度假设的基本问题;二是一些非线性问题的存在使整个模型的求解过程非常复杂。在布鲁金斯模型中,第一个问题用模型的分块递归性质来处理,第二个问题则用模型的适当分块线性分段来解决。在布鲁金斯模型的构造时期,递归系相容估计的单纯性已经由于赫尔曼·沃尔德的著作出版而广为人知(Wold,1954)。而且,虽然布鲁金斯模型的结构不是完全递归的,但是富兰克林·费希尔认为,系统可以划分为许多相互作用的模块,而这些模块可以进而按递归链排序(Fisher,1965)。如果由元素的模块或子矩阵组成的系统系数矩阵可以证明是三角形的,而且满足适当的误差项条件,那么系统就可认为是分块递归的。这样,在主对角线上及其下部可以有非零子矩阵,而在主对角线之上只有零子矩阵。换言之,每一个模块内部的元素是完全相关的,但模块的顺序必须满足递归结构,因而这种顺序可以解释为因果链。

克莱因等则在20世纪70年代发起了联合国世界连接模型(Link Project)。Link项目不仅是一个涵盖多国经济计量模型的国际合作研究课题,也是计量经济学方法研究和应用于世界经济的一个论坛。作为世界最著名的联立方程,截至1987年已有100名以上的参加者和79个模型,研究内容除了传统的贸易流量和价格外,还逐渐增加了往来账户、资金流、利率、汇率等方面的内容。

随着联立方程研究工作的成熟,学界也开始了对微观计量的研究。詹姆斯·托宾于1958年成为计量经济学会会长及考尔斯经济学委员会(基金会)主任,他是一名宏观经济学家,并因对金融市场及其与支出决策、就业、生产和物价的关系进行分析而获得了1981年诺贝尔经济学奖。他在任期间主导了对离散选择模型(Discrete Choice Model)的研究。离散选择模型是因变量为诸如"是或否"的决策等离散选择值的微观计量模型,有时也被称为定性响应回归模型,包括线性概率模型(LPM)、采用Logistic概率分布函数的Logit模型、采用正态分布概率函数的Probit模型及托宾提出的Tobit模型。这类模型有效地解决了常规回归方法不适用分析的问题,即对一组选项进行离散选择而不是持续度量某些活动,如考虑模型化劳动力参与、是否购买一件商品,或者在选举中投票给哪位候选人的决策等。这些模型及相关研究有力地拓展了计量经济学的适用范围。

第二节 现代计量经济学的形成及发展

一、现代计量经济学的形成

在前文的论述中提到过，20世纪七八十年代主要资本主义国家经济开始陷入"滞胀"局面。由于凯恩斯主义面对经济停滞和通货膨胀并存的局面无法自圆其说，从而使以此为理论导向的经典宏观计量经济学模型也受到了质疑，其中"卢卡斯批判"对计量经济学批判影响最大。卢卡斯批评了计量经济学模型设定的谬误，指出了宏观计量经济研究上的纰漏。不过正如前文所分析的，卢卡斯并没有摒弃否定经济理论与数学和统计学结合的研究方法，而是指出凯恩斯主义宏观经济政策没有考虑公众的理性预期。因为理性预期使得经济主体改变行为模式，所以不应该采用常参数模型，而应该重新设定计量经济学模型的原始设定。

除卢卡斯以外，20世纪80年代初还有众多学者反思了计量经济学的发展及经验研究的可信性问题。克里斯托弗·西姆斯认为这些宏观计量模型出现问题的原因是其外部约束条件是不现实的，因而模型推导出了不可靠的分析结果及政策结论。克里斯托弗·西姆斯进而发展了使用更少约束条件的结构向量自回归（VAR）模型，主要用于分析经济在受到经济政策临时性变化和其他因素的影响时将会如何变化（Christopher，1980）。另外，布莱克、里莫等也都分别就计量经济学的检验、控制变量选择、回归模型敏感性分析、相关关系与因果关系的区别等进行了讨论，从而进一步改进了数据与模型的结合，在宏观计量研究领域确立了数据关系导向，从而改变了以经济理论导向为主的模型设定方式，这既标志了现代计量经济学的形成，同时也被称为计量经济学的第二次"可信性革命"（Black，1982；Leamer，1983）。

二、现代计量经济学的发展

20世纪80年代以后，现代计量经济学更关注两个重点：一是使计量经济学模型描述的结果如何与现实经济的运行更加吻合,二是如何在计量模型中更加充分地利用各种数据资料。因此,各种现代计量经济学模型都是沿着计量经济学会所倡导和确立的"经济理论、数学、统计学结合"的本质及坚实的概率论基础而发展出来的(李子奈和叶阿忠,2012)。也正因为如此,现代计量经济学的各个分支是以研究对象及可得数据的不同类型为导向,在经典计量经济学模型理论基础上发展而来的。

(一)现代时间序列模型的发展

传统计量的数学基础是建立在大数定律和中心极限定理法则之上的。数据结构的随机性表现出的统计特征,能够完美地通过大数定理和中心极限定理获得。基于此,对由样本数据回归估计出的参数进行统计判断和检验都是可靠的。但是,时间序列数据的非平稳性破坏了传统计量的数据理论基础。格兰杰通过模拟试验发现,即使是两组毫无关系的时间序列数据,只要存在非平稳性,在时间趋势的影响下也能因为相同的变化趋势显现出统计的因果关系,从而使得原有宏观计量结构体系方程的数据统计的原理受到时间序列非平稳性表现出的"伪回归"(Spurious Regression)的挑战(Grange,1974)。

然而,这种数据引起的趋势变化并不能诋毁研究方法的改进与改善。相反,计量经济学家们在冷静思考后发现,必须承认受不同因素制约的宏观经济变量确实存在某种长期的均衡关系,在消除时间序列中的非平稳性特征后,仍能表现为经济学认可的均衡关系式,那么无疑新型的回归关系可以说是经受得住检验的真实因果关系,这种模型被称为"协整"(Co-Integration)。这时,计量技术又显出它的客观力量:如果任何变量之间存在确定的协整关系,那么变量的短期非均衡关系也能由经过修正的模型来表示。这就是格兰杰对宏观经济计量模型的修正,可以说这种修正又一次说明了计量经济学在经济理论上的"无偏性"。

传统的时间序列模型关注的是平稳时间序列模型中均衡关系的挖掘。自回归模型(AR)、移动平均模型(MA)、自回归移动平均模型(ARMA)都是对时间序列数据经过平稳性检验后的关系的刻画,即传统的计量经济学模型中样本随机过程在时间序列模型中的刻画,X_t数列数值中的t因素的取得从概率上是符合随机抽样规律的。时间序列模型在传统计量经济中的应用由来已久,传统的计量经济模型也专注于对平稳性的检验,符合平稳性检验的数据表现出的均衡关系和趋势对经济结果的解释无疑是可以用于经济预测的。因此,传统计量经济模型中的时间序列模型的技术变化体现在平稳性检验的发展上。

经济计量技术的发展并没有必然带来人们对于数据处理能力的信服。因为时间序列数据的非平稳性质,使得人们对计量技术发展的直观认识从数据处理技术升级转换到经济现实解释乏力的欲盖弥彰。批评家更关心的是,大量存在的非平稳数据之间的长期关系(如果有的话)如何通过计量经济模型展现出来,在展现的过程中需要注意什么条件?这就是现代时间序列模型要解释的问题。

在现实中,对一组非平稳的经济数据来说,即使存在非均衡的误差关系式,但只要这种非均衡的误差在长期内期望值为零,那么这组经济数据就存在协整关系。换言之,具有不同规律变化的定量在长期内,如果存在协整关系,那么这两个变量之间存在长期稳定的关系。因此,恩格尔和格兰杰提出了 EG 检验,以检验两组变量之间非均衡误差的协整关系;Johansen 和 Juselius 分别提出了针对多变量协整关系的多重协整关系检验(JJ 检验)。另外,协整方程表现出的长期均衡关系,在形式上并不必然表现为均衡关系。也就是说,协整方程更多的是从统计意义上挖掘出变量之间的长期均衡关系,并非探究两个变量的确切经济理论含义。协整关系对非平稳性的放松假设,使得原来不能辨识的均衡关系展现出来,这种展现形式之一就是误差修正模型(Error Correction Model),现实中的变量长期均衡关系能够通过其滞后项或者差分项来刻画。Davidson、Hendry、Srba 和 Yeo 在 1978 年展示了滞后阶数误差修正模型(DHSY Model),通过对数据进行差分处理,能够修正变量间可能存在的趋势因素,从而去除了可能存在的虚假回归问题,经过差分误差修正,数据具有了很好的平稳性,变量的回归可以应用传统回归模型。基于这种考虑,恩格尔和格兰杰在 1987 年论证提出了关于误差修正模型的应用可能性,即由误差修正模型表示两个存在协整关系的变量的短期非均衡关系。这些研究都极大地推动了现代时间序列数据的计量分析。

(二)引入经济主体行为的现代微观计量经济模型

宏观计量经济学与微观计量经济学的区别如此显著,但是其具体界限应在何处仍存争议。宏观经济建模注重依托时间序列模型解释经济的长期关系,预测宏观经济的动态运动规律,提出基于预测的政策使用,并继续针对该政策可能导致的经济效果继续预测以形成闭环理论,而微观经济学更多地关注经济主体的决策行为。

微观计量经济研究的是具有微观数据表征的微观经济主体的决策行为。经济主体面临的决策是多样化的,不同决策信息的数据统计特征打破了传统计量经济学模型对数据统计假设的要求,原来依存于统计特征的计量经济手段,在微观经济数据面前又一次技穷。数据特征不同于以往传统的经济数据特征,对传统计量经济学提出了新要求。一方面,传统的计量模型需要改进,适应微观理论的假设,尤其是微观数据的非连续性;另一方面,微观数据的多样性,对传统计量模型的计算方法提出了新的要求,微观经济主体数量众多,决策信息的数据规模庞大,依托于大样本计算的微观计量经济学模型才能解释微观主体的决策行为数据。

微观经济数据模型在 20 世纪 70 年代发展迅速。根据数据样本观察值的不同,除了上文提到的离散选择模型外,还有计数数据模型（Model for Count Data）、选择性样本模型和持续时间数据模型（Duration Data Model）。计数数据模型研究对象计数事件,由于其数据是计数数据,并且被解释变量的样本观测值为离散的非负整数,因此具有正态分布性质的传统截面数据不再适用,应建立计数数据模型,如泊松二项分布模型和负二项分布回归模型;如果被解释变量的样本观测值是受到某种约束限制而不是随机抽样得到的,如截断数据或者归并数据,那么传统的截面数据模型就不再适用,于是发展了选择性样本模型;如果模型研究的对象是以某项活动的持续时间或者两项活动转换时间为主的,则使用久期模型;等等。因此,以托宾、赫克曼和麦克法登为代表的经济学家通过解决微观计量经济学的模型设定和估计问题,扩展了研究对象并丰富了计量经济学的理论体系,对计量经济学的发展做出了重要的贡献。

(三) 数据统计技术变化而产生的面板数据模型

数据统计技术对计量影响深远,面板数据模型的理论研究和实证运用的发展,是数据统计技术反馈在计量经济实证研究上的主要表现之一。面板数据(Panel Data) 不同于传统计量经济学中不同时间点独立随机地从总体中抽取的样本数据——混合截面数据（Pooled Cross Section Data）,它是横截面数据和时间序列数据的结合,可以同时反映空间（个体性信息）和时间（时间因素信息）两个维度的信息;将不同时间点的相同个体的特性展现出来并形成模型的数据基础。面板数据模型更充分地利用了不同个体在不同时间序列下的数据信息,可以同时把握个体性信息和时间序列信息对响应变量的影响。面板数据的发展大致可分为三个阶段：

第一个阶段，静态面板数据模型，主要是以静态误差分析（固定效应分析）和随机参数模型分析（随机效应分析）为代表。模型的设定是：

$$y_{it} = x'_{it}\beta + \mu_{it} \quad i=1,\cdots,n; \ t=1,\cdots,T \tag{4-1}$$

其中，x_{it} 和 β 是 k 阶列向量，根据 μ_{it} 包含的个体信息特征及其与 x_{it} 之间的关系，模型可以分别用固定效应模型和随机效应模型来分析。

第二个阶段，动态面板数据模型，模型中扰动项包含了更多的信息，式（4-1）中的 μ_{it} 与 x_{it} 的未来值相关，所以模型的扰动项外生性被破坏。动态面板数据模型可以表示为：

$$y_{it} = \rho y_{i,t-1} + x_{it}^T \beta + u_{it} \quad i=1,\cdots,n; \ t=1,\cdots,T \tag{4-2}$$

当 $\rho<1$ 时，面板数据为平稳动态面板数据。

第三个阶段，动态非平稳数据模型，根据 μ_{it} 包含的不同性质，其可以分为异质性动态面板数据和多维面板数据。

面板数据模型可以用于分析单纯的横截面数据模型或时间序列模型分析失效的情况，尤其是非线性模型和协整检验研究。其中，经济学家们根据高质量的微观面板数据又提出了离散选择模型、二值选择模型等多种计量经济模型；而为了研究非平稳的面板数据，新的计量领域——单位根检验兴起了。基于截面数据，Quah 研究了不相关假定的面板数据单位根检验；弗洛雷斯等研究了相关的面板数据单位根检验。考和佩德罗尼通过检验残差是否平稳来检验协整关系是否存在。该类检验最主要的贡献来自拉尔森等提出了基于面板向量误差修正模型（PVECM）。这些研究都极大地丰富了面板数据模型，推动了计量经济学的多维度发展。

第三节 计量经济学的挑战与展望

一、计量经济学面临的挑战

计量经济学的内核是经验实证模型，这既是计量经济学的优势，但同时也是计量经济学的局限性体现。

第一,实证模型的数量分析形式在进行经济学规范分析时具有局限性,由于数理经济模型只能简化抽象复杂的现实经济和刻画主要的经济因素,因此难免会遗漏未知的或不可观测的影响因素,同时也难以替代自然语言定性表述历史的、主观的经济思想。

第二,计量经济学在对数据进行分析时,通常需要假定时间序列数据具有平稳性或横截面数据具有同质性,对于不满足假设的数据则需要变换(如差分)或特征变量控制来将其转化为平稳或同质的数据。但在实践中,很难保证每次都能有效地将原始数据进行变换。因此,当这些前提条件不具备、假设不成立时,计量当然不可能是准确的。

第三,计量经济学的方法论偏重归纳法而轻视演绎法,在实证中偏于理论检验而弱于理论发现,而经济发展是一个不可逆的过程,同时经济系统是一个非平稳过程,因而很难通过统计归纳及估计检验就做到准确分析及精准预测。

第四,真实的经济系统中常常发生结构性突变,如技术变革、金融危机甚至战争等,这都会使得经济体制和结构发生巨大变化,从而引起经济人的行为变化。当经济结构突变且经济关系不稳定时,即使能很好地构建模型拟合历史数据,也不一定能做出准确的预测。

第五,计量经济学的理论、方法与模型都是建立在数据基础之上,分析结果的质量受数据类型及质量的影响很大。具体来说,无论是计量经济学的模型设定、参数估计还是检验方法都依赖于如时间序列数据、横截面数据、面板数据等不同数据类型,从某种程度上可以说是数据的类型决定了模型的类型。在模型设定后,仍然需要依赖数据来分析研究对象(被解释变量)的影响因素(解释变量),即经济关系的确认是以数据之间存在的相关关系为条件的,因此必须进行数据的统计相关性检验,以去伪存真。在进行参数估计时,估计结果对样本数据质量(包括数据的一致性、完整性、准确性等)同样存在着依赖性,因此改善数据质量与改善模型方法技术同等重要。

从20世纪末到21世纪初,随着数字化深入社会生活的各个层面,各个领域先后进入了大数据时代。计量经济学的理论、方法与模型都是建立在数据基础之上,没有数据就没有计量模型。因此,在不采用随机分析法或抽样推断法的背景下,如何直接依据大数据构建计量模型,这是计量经济学面临的新挑战。

同时,相对于层出不穷的新的复杂经济现象,计量经济学理论与方法研究还是落后于实践,总结现有方法模型无法解析和处理的问题,如何发展计量模型、利用新的计量方法描述这些复杂现象,以及分析和解决这些复杂问题(如政策效果评估、经济增长中的长期预测、利用计算技术进行重大经济现象的模拟仿真等),这些都成为计量经济学的挑战。

二、计量经济学发展展望

(一)从统计推断到因果推断

目前,计量经济学正在经历一场研究范式的转变(Panhans and Singleton,2016),即从统计推断①到因果推断的转变。原有的实证研究开始探讨如何才能科学地识别经济变量之间的因果影响,而不是估计统计量的显著性问题。这种转变被称为第三次"可信性革命",其关键特征是引入潜在结果框架来清晰定义因果,利用随机化实验的思想作为因果效应识别的基础,因此也被称为以实验设计为基础的计量经济学(赵西亮,2017)。

在经济学研究中,经济学家越来越关心经济变量之间的因果关系。因果关系在预测情境变化和政策更替的效果上颇为有用,它能分析在"反事实"情形下发生的情况。例如,分析教育水平对劳动收入的影响,或者研究不同的政治制度对经济增长的影响,这些研究对于理解历史及思考当代经济发展政策的效果很有意义。因此,对因果关系的有效识别及推断是当前经济学研究的重要领域,而在非实验条件下进行因果关系的有效识别又是当前的难题。对因果关系识别的研究发展出了两个方向:一是基于实际实验与准实验方法的研究,二是结构计量建模研究(王美今和林建浩,2012)。

(二)非参数计量估计及非参数模型的发展

非参数(Nonparametric)估计分析与微观计量分析、时间序列分析合称为三个非经典的计量经济学分析法。参数估计模型的假设与实际经济现象经常产生冲

---

① 统计推断(Statistical Inference)指利用样本信息获得总体信息的估计及进行假设检验以判断估计结果的统计显著性的过程。

突，导致人们质疑传统模型的质量。参数模型虽然简明且易于处理，但是无法说明设定模型之外的"潜在模型"对数据拟合的质量。参数估计的假设也会损伤事实数据中包含的信息。学者们探讨了多种密度函数的估计方法，其中最著名的是核密度估计。通过非参数方法可以不对模型进行先验假设，而是通过估计去得到结构关系，从而解决模型设定的误差问题。因此，非参数计量经济学模型主要适用于具有很多的样本数据且所研究的变量数量相对较少，同时人们对于需要估计的参数情况了解不多的经济研究问题。

传统的参数估计模型是通过设定参数模型，利用数据统计属性估计未知参数，并进行统计推断，即：

$$Y_i = m(X_i) + u_i \quad i = 1, \cdots, n \tag{4-3}$$

当 $m(\cdot)$ 是一个可知的维度有限的光滑函数时，可以通过参数估计方法得出参数估计，这种方法如下：

$$m(x) = m(x, \beta) = E(Y \mid X) \tag{4-4}$$

非参数计量经济分析省去了模型设定，研究的核心转变成为估计方法。非参数的估计方法主要分为局部逼近和整体逼近两种。

局部逼近估计方法也称局部核估计方法，纳达拉亚和沃森提出了 Nadaraya-Watson（NW）估计量式，见式（4-5）。斯通、克利夫兰在特定点上利用加权函数对数据拟合了 p 次多项式估计回归函数，即局部多项式核回归估计量（Local Polynomial Kernel Regression），见式（4-6）：

$$\min_{m(x)} \sum_{i=1}^{n} [Y_i - m(x)]^2 K\left(\frac{X_i - x}{h}\right) \tag{4-5}$$

$$\min_{m(x)} \sum_{i=1}^{n} [Y_i - m - (X_i - x)'\beta]^2 K\left(\frac{X_i - x}{h}\right) \tag{4-6}$$

整体逼近估计方法则以最小二乘估计为主，包括正交序列估计、多项式样条估计等。

在经济学应用的实际计量实证研究中，非参数计量模型有以下不足：①如果样本数量有限，当解释变量的数量（即所谓维数）增加时，更高的维度空间使得数据相对更加稀少，核平滑将变得更加困难，产生"维数诅咒"（Curse of Dimensionality）；②由于没有确定模型的经济学含义，所以不容易对估计结果进行直观的说明和解释;③不能进行模型外推(Extrapolation),因此在进行预测相关的研究中难以发挥作用。为此,经济学家在分析中同时加入了参数估计和非参数估计,形成折中的半参数模型(Semi-Parametric Model)①,既允许在一定程度上对模型的函数形式进行预先设定,但又没有如传统模型那样有严格的限制条件。这样使得半参数模型一方面具有较高的估计精度,降低了设定误差的可能性,另一方面又避免了非参数模型的不足之处,使其拥有更广泛的应用领域。

---

① 非参数计量经济学模型包括完全非参数模型和半参数模型。如果所有变量之间的关系都是不明确的,称之为完全非参数模型,简称非参数模型或者无参数模型(Non-Parametric Model);如果一部分变量之间的关系是明确的,另一部分变量之间的关系是不明确的,称之为半参数模型(Semi-Parametric Model)。

第五章　机器学习方法的兴起及其在经济学研究中的运用

第一节　机器学习的起源及其算法演进

在大数据时代,数据量膨胀变大、结构演化复杂,非传统的工具和方法无法处理大量的结构化、非结构化数据。从大型数据库建设到商业智能数据挖掘,从分布式服务器和搜索引擎到客户画像与推荐系统,大数据算法的设计、迭代和匹配应用涉及很多方面,包括大规模并行计算、云计算等。由于大数据存在关系复杂、属性高维、高噪声、数据漂移等特点,如何从真实、无序的真实世界的数据中挖掘出有意义、有价值的知识,迫切需要更深刻的机器学习理论进行指导。

机器学习起源于亚瑟·塞缪尔(以下简称"塞缪尔")在1952年开发的一个能够自我修正的西洋棋程序,它可以在对弈中学习并不断自我修正直到取胜。1956年,塞缪尔在达特茅斯会议上将这个程序命名为"机器学习",并将其定义为"不显示编程地赋予计算机能力的研究领域"。这个程序的诞生对于人工智能具有开创性的意义,改变了人们对计算机的一贯认识,即计算机不能突破事先编写好的程序像人类一样学习。总之,机器学习指计算机通过算法和模型发现数据中隐藏的规律和信息,从而获得新经验和新知识。

传统的机器学习理论主要包括以下四个方面:①理解并模仿人类的学习行为和过程;②人类和机器通过自然语言可以互通交流;③根据不完全信息预测和推断的能力;④识别和发现事物。在大数据时代,传统机器学习面临的挑战就是如何处理大数据。大数据无法完全装进计算机内存，而传统机器学习理论多是基于计算机内存的，因此创新适应大数据的机器学习理论是当今研究的方向。例如，深度学习模拟人脑神经结构对数据进行分类，是机器学习最新的研究发展。机器学习的各种算法不断发展壮大，时至今日，70年的历程中基于不同理论基础及学习思路出现了各大分支：连接主义学习、符号主义学习、统计学习、进化学习等，而在每个分支中又诞生了各类模型和算法。值得注意的是，这些各个分支的算法和模型没有绝对的优劣之分，而是在不同的研究领域、不同数据的条件下、解决不同类别的问题时具备各自的优势，没有哪个算法能解决一切问题。

一、连接主义学习——神经网络算法

连接主义（Connectionism）学习的代表是神经网络算法。神经网络算法是一种非参数估计的学习算法，它基于神经科学理论基础模拟人类大脑的计算方式，将大量基本计算通过复杂的网络形式互联，从而执行高度复杂的计算。其学习思路是使用概率矩阵和加权神经元来动态地识别和归纳模式，比较适用于进行分类和回归方面的学习。

神经网络算法是最早提出的机器学习算法，随着计算机性能的不断提高及可获得数据量的不断增加，神经网络算法经历了几次大的发展浪潮。Rosenblatt（1958）基于神经科学通过对生物神经细胞进行简单抽象发明了感知机模型，这是一种最简单的单层前向人工神经网络。单层神经网络的学习能力非常有限，不能解决线性不可分情形下的问题。为了解决这个问题，韦伯斯提出了多层感知机和反向传播算法，Rumelhart等（1988）系统地提出了更加实用有效的后向传播算法。对于神经网络算法而言，为了解决更复杂的问题，模型的参数数量及网络层级需要大幅增加。但受当时计算机性能及可获得数据量的限制，容易导致模型出现过拟合问题且参数优化速度变慢，或者模型仅收敛到局部最优解。随着大数据时代到来及计算机能力的迅猛提升尤其是GPU的使用，2010年前后这个问题得到了解决，同时使得神经网络研究迎来了新的浪潮，即深度学习。海量的数据缓解了神经网络的过拟合问题并且新的改进算法的提出也较好地处理了经典神经网络算法的不易收敛问题。Hinton和Salakhutdinov（2006）提出的深度网络由预训练和微调训练构成，这不仅实现了神经网络的无监督训练，使得模型可以处理无标签数据；还通过对输入数据进行预训练，模型可以自行发现重要特征并为后续学习做好准备，从而免去了以往机器学习过程中最耗时耗力的人工特征提取和选择过程。此后一系列深度学习算法得以提出，Krizhevsky 等（2012）提出了深度卷积神经网络，Goodfellow 等（2014）提出了生成对抗网络等。大型深度学习模型通常能有 10 余层级，甚至有上百亿个参数，围棋程序"AlphaGo"即是采用了深度学习算法。

因为神经网络算法的模型需要大量数据进行训练，且由于计算训练要求很高的硬件配置，所以其尤其擅长于在大数据条件下解决复杂问题。但神经网络是一种难以解释的"黑箱模型"，模型内部的学习和计算机制难以理解，并且其学习理论性质不够清楚，因而难以胜任解释或分析因果关系的工作。

二、符号主义学习——决策树算法

符号主义（Symbolism）学习是一种基于逻辑推理的智能模拟方法，起源于逻辑学、哲学基础。它使用符号、规则和逻辑来表征知识和进行逻辑推理，通过对符号的演绎和逆演绎来进行结果预测。决策树是符号主义学习的主要代表算法类型，Quinlan（1986）提出了决策树模型和 ID3 算法，以最小化信息熵为目标通过树形结构直接模拟了人类对概念进行判断的流程。

不同于"黑箱"模型神经网络，决策树以其简单的规则、清晰明了的推导及强大的预测能力而被大量用于分类及预测等现实问题中。除了 ID3 算法外，后续提出了更多改进过的算法，如 ID4、C4.5、CART 等，它们成为机器学习算法的另一个主流。

三、统计学习——支持向量机算法

统计（Statistical）学习，即基于统计学理论基础的机器学习算法，支持向量机（Support Vector Machine）是统计学习中的典型代表。Cortes 和 Vapnik（1995）提出了支持向量机模型，其在对文本型数据进行分类计算方面显示出了卓越的性能。实际上，支持向量的概念早在 20 世纪 60 年代就已出现，其中核心概念的核函数则被研究得更早，Mercer 定理①可以追溯到 1909 年。不过当统计学习在 20 世纪 90 年代兴起成为主流算法后，核技巧才真正成为机器学习的通用基本技术。支持向量机方法在解决小样本、非线性模式识别中表现出了不少优势，能根据有限的样本信息在模型复杂性和样本准确识别之间取得平衡，从而获得较好的预测及推广能力，其分析数据及识别模式可以有效地用于分类和回归分析。

贝叶斯学习是统计学习的另一个代表，是使用概率规则及其依赖关系进行推理的学习，其理论是使用概率去表示所有形式的不确定性，通过概率规则来实现学习和推理过程，朴素贝叶斯模型、概率图模型（PGM）、马尔科夫随机模型等都是贝叶斯学习的典型模型。贝叶斯学习的优势在于，它能够方便地处理不完全数据，并提供了较为直观的概率关联关系模型，能够学习变量间的因果关系。通过与不同算法模型的结合，贝叶斯学习还能发挥更大的效用，如贝叶斯网络与贝叶斯统计相结合能够充分利用领域知识和样本数据的信息，与神经网络算法相结合能够有效地避免过拟合问题。

四、聚类分析

聚类分析（Clustering）是事先不明确如何对数据进行分类的前提下，根据数据之间的类似情况试图将数据中的样本划分为若干个通常是不相交的子集②的一种分类方法。因为被处理的数据通常没有标记，所以聚类分析是一种无监督③的学习算法。需要说明的是，聚类过程仅能自动形成子集（即"簇"），但不同的簇所代表的概念或者含义对算法而言是未知的，即簇所对应的概念语义需要由研究者来理解和命名。聚类分析中也有很多不同的类型的算法，并且聚类也许是机器学习中"新算法"出现最多、最快的领域。能够这样说的一个重要原因是，聚类不存在客观标准，给定数据集总能从某个角度找到以往算法未覆盖到的某种标准从而设计出新算法（Estivill-Castro, 2002）。由于聚类既能作为一个单独过

---

① Mercer 定理：任何半正定的函数都可以作为核函数。
② 这些子集在聚类算法中通常被称为"簇"（Cluster）。
③ 在机器学习中，输入模型用于"学习"的数据被称为"训练"（Training）数据；根据训练数据是否拥有标记信息，可以将学习任务大致分为监督学习（Supervised Learning）和非监督学习（Unsupervised Learning）两大类。在监督学习中，能够通过训练数据中的标记信息判断学习的对错，而在非监督学习中则无法判断。

程，用于寻找数据的内在分布结构，也可以作为其他学习过程或算法模型的预处理过程，所以其成为应用广泛的机器学习算法之一。

五、机器学习各算法的发展演进

虽然按照帮助计算机获取新知识的方式不同，机器学习可以分为上文所论述的几种流派，但各流派之间也有不同程度的相互借鉴及融合。如在决策树的叶结点上嵌入神经网络、深度学习的贝叶斯循环神经网络（RNN）等。在20世纪末出现的集成学习（Ensemble Learning）则是另一种学习思路。它使用一些不同的算法分别进行学习，并使用一定的权重或规则将不同算法的学习结果进行集成，从而得到比单个算法更好的学习效果。其中，Freund 和 Schapire（1999）提出了 AdaBoost 模型，Breiman（2001）提出了 Random Forest 模型的机器学习算法。值得一提的是，著名的数据挖掘竞赛 KDD-CUP 历年的冠军几乎都使用了集成学习。不过，由于集成学习包含了多个学习模型，即使单个学习模型有较好的可解释性，集成模型也存在不足之处，本身仍是黑箱模型，整体可解释性较差。

从机器学习的各个流派及相应算法的各自演化阶段来看，大致可以分为四个阶段。其中在1980~1999年，计算机的普及程度还比较低，计算能力多架构在服务器或大型机上，输入数据的量级及其所覆盖领域都较为有限，主要应用体现为决策支持系统（DSS），此时机器学习的主导流派是符号学习，主要运用离散方法处理问题。1990~1999年，计算机硬件的性能逐渐提高，计算能力慢慢过渡到小型服务器集群上，机器学习的主导流派慢慢变成了统计学习，主要运用连续方法处理问题。2000~2009年，随着计算机硬件性能的进一步提高，云服务器的计算架构成为主流，大数据时代初步到来，适应这种需要的以深度学习为代表的连接学习再度兴起，擅长于更加精准的对图像和声音进行识别、翻译、分析情绪等各类识别问题。2010年后，架构在大规模云计算上的各流派合作及算法融合的趋势越来越显著，如符号学习和连接学习的融合，记忆神经网络及大规模集成算法的应用等，机器学习的应用领域和适用范围越来越广，也越来越擅长在大数据条件下解决复杂问题。所以近二十年，学界对机器学习的兴趣大增，关于人工智能的论文发表量增长了9倍，各大高校也广泛开设了机器学习类的课程。以斯坦福大学为例，1996~2015年，有关人工智能与机器学习的课程数量翻了11倍。

第五章 机器学习方法的兴起及其在经济学研究中的运用

目前机器学习已经在数据挖掘、语言处理、特征识别、搜索引擎、医学诊断、DNA序列测序、语音和手写识别等诸多领域得到了广泛的应用。相对来说，经济学界应用机器学习进行研究的起步较晚，目前还属于探索阶段。不少学者已经开始探讨机器学习在经济学研究领域的应用，另一些研究者也在探索机器学习与其他经济学数量分析法的相互借鉴及促进。

第二节 机器学习应用于经济学研究的文献计量分析

尽管机器学习算法由来已久，并且已经在许多非经济学科领域得到了较为广泛的应用，但经济学研究对机器学习的应用才起步不久。本部分利用相关的中英文文献做了文本计量分析，研究这些文献的分布结构、数量关系和变化规律，进而对机器学习在经济学领域中的应用进展情况有一个整体的认识。

一、文献总量情况及时间分布

本书选取SSCI和中国知网中的经济学领域期刊，以"机器学习"（Machine Learning）及相关算法加经济学研究的相关词汇作为关键词组合进行了搜索，并对搜索结果经过数据清洗，筛选后得到文献共计约1.2万篇。其中，英文期刊文献8867篇，中文期刊文献1608篇，中文硕博论文1139篇。中英文期刊相关文献各年度发文量见图5-1。

图5-1表明，从三十多年的文献发表情况来看，机器学习算法在经济学领域的应用逐年增多。其中，国外研究起步较早，英文期刊文献的发表从1983年开始出现，1990年起开始初具规模。国内的相关研究则晚了近十年，中文期刊文献的发表从1991年开始起步、2000年后逐渐兴起。这说明国外关于机器学习算法在经济学领域的应用不仅起步早，而且关注得也更多。尤其是近五年来，国外在此方面的研究更是越来越多，发表的文献数量呈直线上升之势。虽然从2005年以后国内的研究量也较前些年大幅增加，但相对于国外研究而言，差距仍然较大。

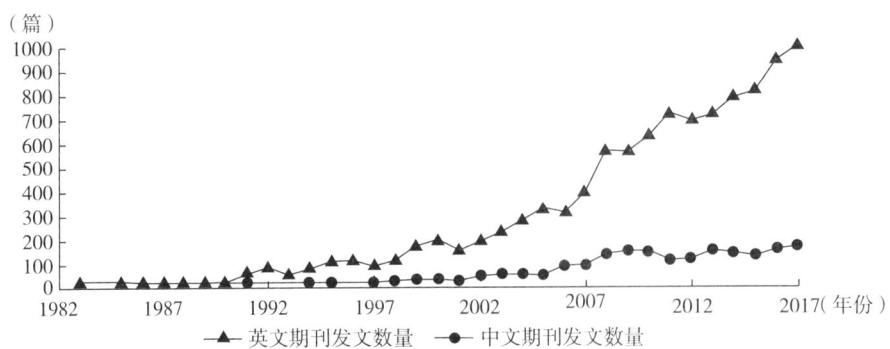

图 5-1　经济学应用机器学习的相关中英文期刊历年发文量

二、文献中机器学习算法类的词频分析

为了解经济学研究中的机器学习具体算法应用情况，本书对涉及各个算法的关键词出现的频率做了文本统计。在机器学习算法与经济学研究结合的文献中，关键词累计出现频率排名前三的分别是神经网络（Neural Network）、聚类分析（Clustering）和支持向量机（Support Vector Machine）。一方面，神经网络算法需要大量数据用于学习、调参、优化，尤其适合于大数据时代的特点；另一方面，它也具备易于搭建、可调参数项多等灵活特点，所以应用最为广泛。聚类分析作为一种灵活的数据分析法，既能作为一个单独过程来寻找数据内在的分布结构，也可以作为其他算法或模型的前驱过程，用于数据的预处理，所以出现的频次也很高。支持向量机算法是主流统计学习中最有代表性的算法，擅长解决二分类问题的预测，同时在解决小样本、非线性及高维数据分析中具有优势，在经济学某些研究问题无法找到全面大数据时也能适用。

三、文献中的研究热点转化分析

研究热点是某时间段内学者普遍关注的重点问题，代表了主流研究方向，对研究热点进行分析能够帮助了解和把握学科的发展趋势。为了解国内外利用机器学习算法解决经济学领域应用的热点变化情况,本书利用 CiteSpace 软件①进行了相关分析。该软件提供了词频增长检测(Burst Detection)算法,主要通过考察词频的分布时间,将那些频次变化率高、频次增长速度快的"突发词"(Burst Term)从标题、摘要和关键字中检测出来,用词频的变动趋势(即突现率)来分析具体领域的研究热点及热点的演变。图 5-2 中,左边出现的词语表示相关文献出现频率增高的"突发词"(即表示研究热点);深色条表示热点所持续的年份,条前的数字表示持续的时长。

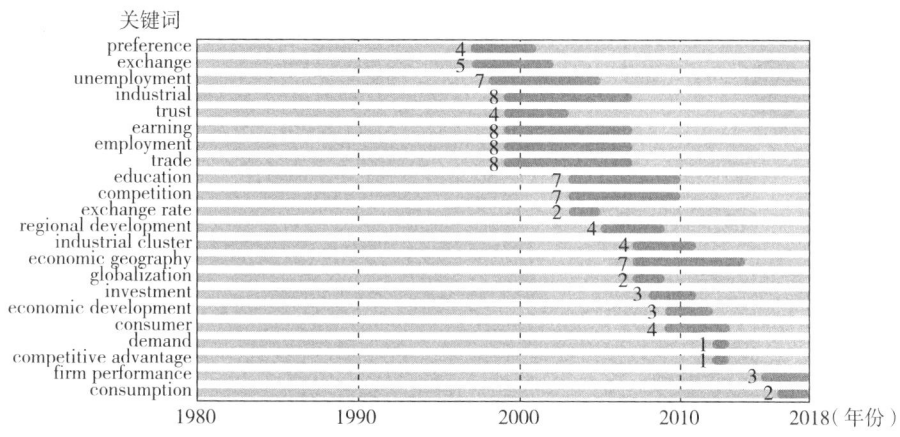

图 5-2 国外应用机器学习研究经济学的热点演变

从图 5-2 中可以看出,由于 1995 年以前机器学习研究经济学问题的英文文献总量较少(年度低于 100 篇),没有形成什么突出热点;2000 年前后,在涉及劳动经济学、产业经济、信贷、汇率等方面形成了几个研究热点;2010 年前后,研究热点开始向区域经济、金融投资、国际经济等方面转化;最近几年,研究热点开始向公司绩效、企业竞争、消费行为分析等转化。总体来说,在国外的研究中,经济学研究热点涉及面较广,研究总量及研究成果也较多。

对比来说,国内机器学习算法应用于经济学研究的起步较晚,热点出现也较

---

① CiteSpace 软件是由美国雷德塞尔大学信息科学与技术学院的信息可视化专家陈超美教授用 JAVA 语言开发的,是基于引文分析理论的一种信息可视化软件。

晚几年。从图5-3中可以看出，国内的研究热点比较集中于金融、股票、银行、信贷、风险等方面，这也许是因为这些领域的研究数据量较多且研究内容公开的较多。2000年以后，中文文献的研究热点集中于对金融机构及市场的整体研究，2010年后逐步深入股指期货、风险防控、量化投资等方面。

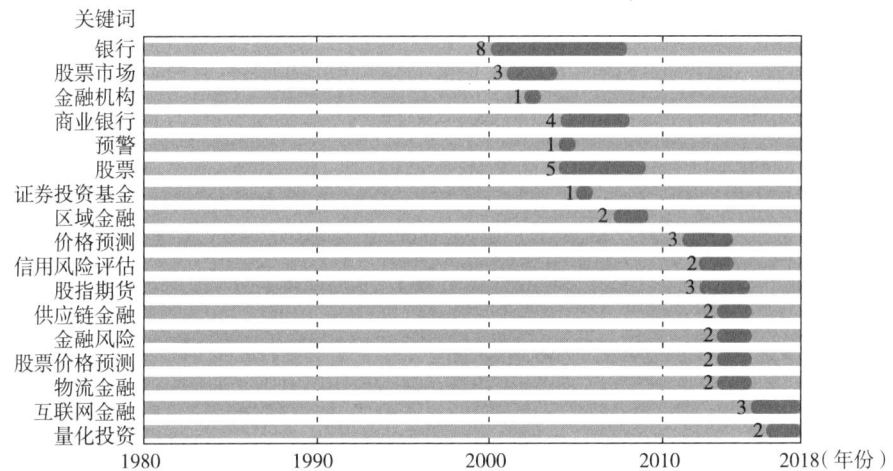

图5-3 国内应用机器学习研究经济学的热点演变

四、权威经济学期刊的相关文献发表情况

为了解权威经济学期刊中的论文对机器学习的应用情况，本书选取 American Economic Review（AER）、Econometrica、Journal of Finance（JF）、Journal of Economic Theory（JET）、Quarterly Journal of Economics（QJE）、Review of Economic Studies（RES）、Journal of Political Economy（JPE）、Journal of Econometrics（JE）、Journal of Financial Economics（JFE）权威经济学英文期刊及《经济学动态》《统计研究》《经济研究》《金融研究》四个中文经济学权威期刊的机器学习应用于经济学领域研究的相关发文情况并进行了统计分析。从表5-1中可以看出，虽然没有像图5-1中所显示的整体相关文献总量那样大幅增长，但英文权威经济学期刊还是对机器学习的经济学应用表示了持续关注，尤其是最近5年的发文量较前期大有增加。其中，累计发文量最多的是 Journal of Econometrics，累计

41篇；其次是 *Journal of Financial Economics*，累计27篇；而 *AER*、*Econometrica*、*JF* 等传统期刊的发文量也均在10篇以上。国内的权威经济学期刊则对机器学习的经济学应用关注还不多，近十年来的累计发文量仅十余篇，不仅在整体中文相关文献量中的占比较低，与英文权威经济学期刊的相关文献发文量相比也差一个数量级。

表 5-1　国内外权威经济学期刊的相关文献发文量　　　　单位：篇

期刊	1995~2000年	2001~2005年	2006~2010年	2011~2018年	累计总量
AER	2	3	1	11	**17**
Econometrica	3	0	3	9	**15**
JF	6	3	5	0	**14**
JET	0	1	7	5	**13**
QJE	0	3	1	6	**10**
RES	0	1	2	6	**9**
JPE	2	1	0	2	**5**
JE	5	7	14	15	**41**
JFE	5	5	3	14	**27**
英文期刊发文量小计	**23**	**24**	**36**	**68**	**151**
统计研究	0	0	1	4	**5**
经济学动态	0	0	1	2	**3**
经济研究	0	0	1	1	**2**
金融研究	0	0	1	1	**2**
中文期刊发文量小计	**0**	**0**	**4**	**8**	**12**

第三节　机器学习在经济学中的典型应用领域

从前文的文献计量中可以看出，金融市场证券投资分析、银行信贷风险管理是国内外研究中对机器学习算法应用较多的两个领域，而消费行为分析是国外研究中对机器学习算法应用的最新的研究热点。因此,本节根据证券投资、风险管理等方面对机器学习的具体应用实践进行论述,在第六章中对消费行为研究利用机器学习算法的情况进行了分析。

一、证券投资方面

证券投资是适用机器学习进行数量分析的金融研究领域之一。大数据时代的到来,使得原本数据积累就相对完备的金融交易数据呈现出指数增长趋势,这也推进了机器学习方法在投资领域的运用。尤其是量化投资,基于对金融大数据的挖掘与分析,衍生出了一系列创新型的交易策略。通过机器学习,系统可以读取数据、实现算法,通过不断学习和训练泛化到样本外的数据,实现投资策略的不断更新,从而获得超额收益。

量化投资是数学模型替代主观判断,通过数量化方式及计算机程序发出证券市场的买卖指令,以获取稳定收益的交易方式。由于量化投资的效果依赖于有效的数学模型(或算法)及计算机的运算速度,因而在信息技术革命之前,根本无法运算马科维茨或威廉夏普的模型。在20世纪60年代,即便使用当时最好的商用电脑,解出含有100只证券的投资组合问题也需要半个小时以上。近二三十年间,由于信息技术的飞速发展及计算机性能的指数级提高,量化投资技术取得了巨大的发展并得到了广泛的应用,几乎覆盖了投资的全过程,包括量化选股、算法交易、期货套利、资产配置等方面。

现代常见的量化投资模型包括恩格尔、泰勒、卡斯达利等研究者提出的能够反映金融时间序列特点的模型,如 Box-Jenkins 模型、ARCH 模型、GARCH 模型、门限自回归模型、随机波动率模型等。这些计量模型通常对金融数据的处理是以固定的时间间隔为抽样基础进行时间序列研究,其缺点是忽略了抽样间隔内部的数据信息,导致在使用过程中数据的内在信息不能被充分地利用。如果直接使用分时或分笔的高频金融数据,由于其随机时间间隔和离散取值规则的统计特征与传统抽样数据存在差异,所以并不适用于传统的时间序列模型。例如,Korkie(1980)的研究表明金融高频数据稳定性较差,徐志国(2003)研究了上海证券交易所的高频数据特征,发现在高频数据下股票的收益概率分布的峰度和偏度与高频数据抽样间隔呈现出显著的负相关关系。基于这些数据特点,一方面可对传统计量模型进行修正和改进，另一方面则可应用机器学习的方法来建立及完善模型。

投资市场是一个复杂的非线性系统，而机器学习已经在搜索引擎、图像及语音识别等领域中被证明是针对模糊非线性数据进行建模的强有力工具，决策树、神经网络、支持向量机等算法都可以更加深入地挖掘高频金融数据之间的内部逻辑关系，有效地减少了数据分析过程中的信息丢失，对数据信息的挖掘和应用更加充分，使得投资决策更加高效和准确。例如，有学者利用交替决策树（Alternating Decision Tree）为基础算法，通过系统自动筛选当前最适用的技术指标进行选股、组合投资，得出多种建议并进行投资决策，可获得超额收益（Creamer and Freund，2010）；还有学者运用在线PA算法（Online Passive Aggressive Learning）模拟黑天鹅事件并调整个股权重，在其他条件保持不变时可以使得模型收益率显著高于基准收益率（Li et al，2012）；Ticknor（2013）将贝叶斯正则化的神经网络算法应用于个股价格预测中，选取样本80%数据作为训练集、20%数据作为测试集对模型进行检验，可以使得其模型的预测精度达到98%，初步体现出了机器学习算法应用于量化投资的优势。

此外，目前机器学习的计算效率相对较高，能实现较好的实时性。例如，伦敦帝国理工学院利用纳斯达克股市中489只股票交易数据建立了空间神经网络，从而使得系统能够提前一秒预测股市报价；美国伊利诺伊理工大学运用深度神经网络（Deep Neural Networks）预测外汇期货、大宗商品价格变动情况。国内也已出现多只大数据量化基金，如中证淘宝大数据100指数、中证雪球智选大数据100指数、国金百度大数据基金等。

机器学习算法能够在证券投资领域发挥作用的另一个方面是文本情感分析。金融市场上传统的信息来源主要是历史股价、财务报表等，但随着互联网的发展、自媒体的普及，每位市场参与者都能成为信息发布者，而每位信息发布者构成了大数据时代金融市场的信息来源。这些非财务及股价数据类信息主要包括公司的公开披露信息、媒体的相关报道和社交网络的公众舆论等。这些海量的非结构化数据，如文本、情绪指标等，通过情感分析技术进行处理后，可以极大地丰富量化投资分析的深度和广度。市场情绪影响资产价格的机制早有研究基础，计量经济学在研究文本信息与金融指标时间序列之间关系的常用方法是线性回归模型，VAR模型或者GARCH模型也比较受欢迎。但文本信息与金融指标并非线性关系，因此这些常用计量方法的预测结果往往误差较大。机器学习的很多算法都是非线性的，研究者发现运用机器学习算法有时能够得到较好的结果，如基于概率方法的贝叶斯分类算法。贝叶斯分类算法基于条件"独立性假设"，适合处理像文本分析这类多属性的分类任务。另外，当贝叶斯分类规则经过训练形成模型后，能够很好地消除传统计量模型中研究者的主观倾向性。

二、风险管理方面

一直以来，信贷风险管理都是商业银行生存及发展的关键，而做好风险管控的关键是科学地量化风险，因此银行信贷的风险管理一直是数量分析运用较多的领域。早期，银行量化风险主要通过专家的业务经验进行综合评估；随着统计方法和计量技术的发展和成熟，不少统计方法或计量模型应用于信贷风险量化，如主成分分析、聚类分析、Logit模型等。

2008年的金融危机为金融机构的风险管理敲响了警钟，也促使了《巴塞尔协议Ⅲ》的推出。当前，金融产品层出不穷，金融创新日新月异，金融机构、企业、个人可利用的风险管理手段更加丰富，但也面临着更多样、更复杂的风险形式。基于传统计量模型的风险度量方法往往存在着假设前提条件严格、数据要求高、结果不精确等问题，不适用于当前快速变化、复杂的金融环境。机器学习的各种算法因为具备较强的分类能力，能在大数据条件下较为准确地分类预测，并能连续地在已有计算结果的基础上进行自我优化和提高。这些特点非常符合现代信贷风险管理的场景，于是研究者们尝试利用机器学习方法进行风险研究与管理，通过对比机器学习模型与传统计量模型在风险管控方面的效果发现，机器学习算法的精度与效率均高于传统模型。例如，用决策树算法构建非线性、非参数的信用风险预测模型来实施精确信贷，可以为银行降低客户违约损失（Khandani et al.，2010）；将非参数随机森林分类（RFC）方法应用到信用卡信用风险评估领域，在大数据条件下（6家大型银行超过5亿个账户6年的数据），决策树模型和随机森林在信用卡违约风险的预测上精度较高（方匡南等，2010；Butaru et al.，2016）；通过对比机器学习模型与传统计量模型在风险管控方面的效果也发现，支持向量机、随机森林等基于机器学习算法的模型的预测精度（71%~87%）显著高于判别分析、Logistic 回归等传统模型（52%~77%）（Barboza et al.，2017）；而基于支持向量机的套期保值模型在样本内、样本外的套保效率的一致性都高于传统 OLS 模型（杨国梁等，2010）。除了单一的支持向量机算法在信贷风险管控分析取得了较好的效果外，通过融合几种机器学习算法的集成模型也取得了较好的效果。例如，在对荷兰中小企业信用风险进行预测时，运用人工神经网络与 Logistic 回归的集成模型（ANN/Logistic Hybrid Model）对中小企业信用风险进行预测，具有较高的预测精确度，能使借贷信用风险预测准确度达到 83.11%，高于单一的神经网络模型（79.18%）或 Logistic 回归模型（70.21%），体现了集成算法的优势（Li et al.，2016）；在对美国 776 只公司债的违约损失率（Loss Given Default）预测上也发现，模糊决策融合（Fuzzy Decision Fusion）集成算法高于支持向量机、决策树和 OLS 回归方法的预测精度（Nazemi et al.，2017）。

从上述分析可以看出，机器学习在风险管控领域的应用覆盖了银行业信贷风险评估、企业信用评级、企业套期保值等诸多方面，由于现代信贷风险管理面对着数据量巨大、关键因素多变且关联关系复杂的状况，机器学习算法比传统计量模型更加适应，从而能取得更好的预测及分析效果。更加精确的信用风险预测结果不仅能够大幅改善金融机构的资产质量，有助于金融机构精准地采取相应的风险管理措施，还能降低高信用评级客户的利率，提高银行等金融机构的竞争力，并降低系统性风险发生的可能性。

三、其他方面

从以上机器学习算法应用于证券投资、风险管理这两个领域可以看出，机器学习目前在经济学研究中的应用偏重于数据量大、存在大量非结构化或稀疏数据、要求计算效率高且能快速准确进行预测的领域，因为在这些领域机器学习算法充分体现出了优于传统计量模型的优势。同时，机器学习能够较好地解决过拟合问题，即解释变量可能在样本内估计得很好但样本外推断效果不好。另外，在因果推断方面，机器学习强大的预测建模能力有助于识别因果关系，尤其是对反事实情况的预测。

随着互联网、物联网、云计算等技术的发展，贸易、消费、社交等各方面数据都呈现指数爆炸式地增长。海量的数据包含着社会经济活动、消费者心理等影响经济总体运行的诸多信息，便捷的数据获得方式极大地拓展了经济研究与预测的范围。由于传统的计量方法已经无法满足高频次、高维度、高噪声的大数据处理要求，因此凡是具备这些特点的研究领域都可以尝试使用机器学习算法来开展数量分析。

在宏观经济分析方面，由于传统的国民经济统计流程需要一定的时间，因此宏观经济数据发布通常具有滞后性。另外，在统计数据收集汇总的过程中也难免出现失真，所以研究者们尝试在宏观经济研究中加入了微观数据，以提高研究的实时性并加强宏观数据的"微观基础"，同时利用机器学习算法更高效地分析处理各类大数据。例如，Cavallo 和 Rigobon（2016）进行了"十亿价格项目"（The Billion Prices Project）研究，将机器学习方法运用于通货膨胀率的度量，通过获取 70 个国家、500 万种在线商品的日交易价格构建通货膨胀指数。虽然同一商品在线下与线上的交易价格可能不完全一致，但通过线上交易价格计算通货膨胀率既提高了数据采集频率，又大幅降低了数据获取成本；古普塔基于各国的经济政策不稳定性指数是相互影响的观点，即可以用其他国家的经济政策不稳定指数预测某一个国家的指数，选用 1997 年 1 月至 2015 年 8 月加拿大、美国、中国等 6 个国家的经济政策不稳定指数，运用机器学习中的贝叶斯回归树算法（Bayesian Additive Regression Trees）对加拿大经济政策不稳定性指数进行预测，实证结果显示该模型的整体相关系数达到 81%。

此外，在量化投资分析中，对文本等非结构化数据进行大数据分析也可应用于经济指数分析中。例如，通过运用文本情感分析法处理海量的社交媒体数据，显示社交媒体情绪与消费者信心之间存在相关关系（Daas and Puts，2014）；Azqueta（2017）运用机器学习中的 LDA（Latent Dirichlet Allocation）算法构建了一个通过自动分析媒体新闻报道来计算经济政策不稳定指数（Economic Policy Uncertainty Index）的系统，实现了对在线数据库 Nexis 中收录的新闻自动归类、计数、标准化，从而获得经济政策不稳定指数，其输出结果与其他方法获得的指数相关性达 94%，但该方法大幅降低了指数计算所需的人工成本。

事实上，以上诸多研究成果已经部分运用于实际经济政策分析及政策制定中。荷兰中央统计局（Statistics Netherlands）基于研究成果通过社交媒体反映的消费者信心指数对官方指数进行预测，能够更及时地追踪国内经济环境变化；澳大利亚统计局也在着手将特定的大数据纳入官方常规的统计体系中,并以此建立一个基于大数据的推断预测框架。

另外,在大数据时代利用机器学习算法在利率定价(孙存一和龚六堂,2017)、宏观经济预测(刘涛雄和徐晓飞,2015)、健康政策预测与评估(Kleinberg et al.,2015)、人力资本选择(Zhou et al., 2016)等方面都能发挥较好的作用。

第六章　数据挖掘方法的兴起及其在经济学研究中的运用

第一节　数据挖掘的起源及其算法演进

一、数据挖掘的起源

随着计算机及通信技术的不断发展，人类越来越多地利用计算机设备来存储各类海量数据，每天来自商业、社会、科学和工程、医学及个人日常生活的以PB（2^{50}）计的各种类型的数据注入各类信息系统和各种数据存储设备。

世界范围的商业活动产生了巨大的数据量和多元的数据集，包括银行和非银行的支付交易记录、线上和线下销售记录、股票交易记录、产品营销数据、公司利润和业绩及顾客反馈等。例如，2019年中国非银行支付机构（如支付宝、微信）累计发生网络支付业务7199.98亿笔，交易金额达249.88万亿元，而中国2019年全年GDP为99.0865万亿元，2019年中国非银行支付业务金额远超GDP。再如，连续多年位居世界500强榜首的沃尔玛公司，2017年全球约有2.49亿名消费者光顾其全球1万多家实体店和10家网店，每小时沃尔玛公司从100万名顾客那里收集到大约2.5PB的非结构化数据。除此之外，还有其他类型的数据，如视频数据，其产生的主要来源之一——视频监控是社会安全防范系统中的重要方式。据报道，截至2017年11月，中国在公共和私人领域（包括街道、火车站和机场）共装有1.76亿个监控摄像头。在1080p分辨率和8MB/s的码率下，一个视频摄像头一天产生的视频数据可达 84GB，这些数据一般要求在系统中保存 30 天以上。Web 搜索引擎每天要接收数百亿次的搜索请求，处理数万太字节的数据。例如，仅 2014 年百度搜索的日均 Web 搜索量就已经超过了 50 亿次，每天处理的数据量将近 100PB。目前，社团及社交媒体已经成为越来越重要的数据源，产生了语音、图像、视频等多种的类型数据，网络社区、网络博客和形形色色的社会网络活动每日产生海量数据的数据源难以计数。再如，微信 2017 年平均每日登录用户数为 9 亿人，日均发送消息 380 亿条，日均发送语音 61 亿次，日均音视频通话超过 2 亿次。科学和工业实践持续不断地从过程测量、遥感、系统实施、科学实验、环境监测和工程观测中产生多达数千太字节的数据。伴随着互联网的发展，全球的医疗行业积累了大量电子病例数据和电子健康数据。各种类型数据的大规模爆炸式增长和广泛应用将人类真正带入大数据时代，数据已经渗透到当今社会的各行各业，成为重要的生产要素。一方面，迅速增长的大量异构数据被收集并存储在大型数据库和网络中。如果没有强大的分析工具，理解它们就远远超出了人类的认知能力。大型数据库和数据网络将成为"数据坟墓"，拥有丰富的数据信息，却不能为决策提供支持，人类被淹没在数据的海洋中。另一方面，人们意识到隐藏在这些数据背后的更深层、更重要的信息可以把握数据的整体特征，可以预测事物的发展趋势，这些信息在决策过程中具有重要的参考价值。海量数据背后隐藏着许多重要的信息和知识，人们希望对其进行更高层次的分析，把这些数据转化为有用的知识，以便更好地利用这些数据。需求是发明之母，表象数据和深度知识之间的鸿沟激发了对强有力的数据分析工具的需求，从这些浩如烟海的数据中挖掘出有用知识的目标促进了基于数据库的知识发现（Knowledge Discovery in Database，KDD）及相应的数据挖掘理论和技术研究的蓬勃发展。

　　KDD 一词最初出现在 1989 年举行的第十一届国际联合人工智能学术会议上，随后在超大规模数据库及其他与数据领域相关的国际学术会议上也举行了有关 KDD 的专题研讨会。20 世纪 90 年代，"数据挖掘"这个术语出现在数据库社区。零售公司和金融团体使用数据挖掘分析数据和观察趋势，以扩大客源，预测利率的波动、股票价格和客户需求。1995 年，在加拿大蒙特利尔召开了第一届 KDD 国际学术会议，随后每年召开一次 KDD 会议。KDD 也常常被称为知识挖掘，现在人们往往不加区别地使用两者。实际上，两者是有区别的，一般将 KDD 中进行知识学习的核心阶段称为数据挖掘。一般地，数据挖掘是通过分析处理大数据来揭示事物背后的规律、关系与模式的过程。作为一门交叉学科，其融合了人工智能、数据库技术、模式识别、机器学习、统计学和数据可视化等多领域的理论和技术。

传统的数据库服务是为用户提供信息查询功能，但随着时代的发展和技术的进步，用户已经不再满足于这种单一的服务，用户的决策分析需要数据库系统为其提供实际的数据支持。因此，数据库挖掘产生于应用需求，是一门面向应用的技术。数据挖掘的基本目标就是发现隐藏在数据中的模式信息，一般可分为描述型模式和预测型模式。描述型模式是对数据中隐藏的事实做规范价值描述；而预测型模式则是根据其历史和当前的值去预测未来趋势与特征。

二、常用数据挖掘算法

关于数据挖掘算法，根据其算法功能与模式特征，可将其大致细分为分类、聚类、回归、关联、序列、偏差六大模式。其中，常用方法主要包括十种。

（一）C4.5

C4.5 是机器学习算法中的一种分类决策树算法。它是决策树（决策树是决策节点的组织，就像一棵树，其实是一个倒树）核心算法 ID3 的改进算法，决策树构建方法是每次选择一个好的特征和分裂点作为当前节点的分类条件。

（二）K Means 算法

k-Means 算法是一种聚类算法，它根据属性将 n 个对象分成 k 个段（k<n）。它与处理混合正态分布的最大期望算法非常相似，因为它们都试图在数据中找到自然聚类的中心。它假设对象属性来自一个空间向量，目标是最小化每组内的均方误差之和。

（三）支持向量机

支持向量机（Support Vector Machine）简称 SV 机。它是一种监督学习方法，广泛应用于统计分类和回归分析。支持向量机将向量映射到更高维的空间，在这个空间建立最大间隔分离超平面。在分隔数据的超平面的两侧建立两个平行的超平面，超平面的分离使两个平行的超平面之间的距离最大化。

（四）关联规则算法

关联规则算法（The Apriori Algorithm）是一种最有影响的挖掘布尔关联规则频繁项集的算法。核心是基于两阶段频率集思想的递推算法，其关联规则属于单维、单层、布尔关联规则。这里，所有支持度大于最小支持度的项集称为频繁项集，简称频率集。

（五）最大期望算法

在统计计算中，最大期望（Expectation-Maximization，EM）算法是一种在概率模型中寻找参数的最大似然估计的算法，其中概率模型依赖于不可观察的隐藏变量（Latent Variable）。最大期望算法经常用于机器学习和计算机视觉中的数据聚类（Data Clustering）领域。

（六）页面排名

页面排名（PageRank）是 Google 算法的重要内容，2001 年 9 月 Google 创始人拉里·佩奇（Larry Page）因此获得美国专利。PageRank 里的 Page 不是网页，而是页面，并以此命名排名方法。PageRank 背后的想法是，指向页面的每个链接都是对该页面的投票，链接越多则表示来自其他站点的投票越多。

（七）Adaboost

Adaboost 是一种迭代算法，其核心思想是针对同一个训练集训练不同的分类器（弱分类器），然后把这些弱分类器组装起来，形成一个更强的最终分类器（强分类器）。算法本身是通过改变数据分布来实现的。它根据每个训练集中每个样本的分类是否正确及上次整体分类的准确率来确定每个样本的权重。将修改权重的新数据集送到下层分类器进行训练，最后将每次训练得到的分类器融合在一起，作为最终的决策分类器。

（八）K 最近邻分类算法

K 最近邻（K Nearest Neighbor，KNN）分类（Classification）算法，是一个理论上比较成熟的方法，也是较简单的机器学习算法之一。该方法的思路是：如果一个样本在特征空间中的 K 个最相似（即特征空间中最邻近）的样本中的大多数属于某一个类别，则该样本也属于这个类别。

（九）朴素贝叶斯

在众多的分类模型中，应用最为广泛的两种分类模型是决策树模型（Decision Tree Model) 和朴素贝叶斯模型 (Naive Bayesian Model, NBM)。

NBM 源于经典数学理论,数学基础扎实,分类效率稳定。同时,NBM 需要的估计参数很少,对缺失数据不敏感,算法也比较简单。理论上,与其他分类方法相比,NBM 的错误率最小。

然而事实并非总是如此,因为 NBM 假设属性彼此独立,但这种假设在实际应用中往往是无效的,这对 NBM 的正确分类有一定的影响。当属性个数比较多或者属性之间的相关性比较大时,NBM 的分类效率不如决策树模型。当属性相关性较小时,NBM 的性能最好。

(十) CART:分类与回归树

CART (Classification and Regression Tree),分类树包括两个关键思想:第一个是关于递归划分自变量空间的思想;第二个是使用验证数据进行修剪的思想。

第二节 数据挖掘应用于经济学研究的文献计量分析

一、数据挖掘文献的时间分布

一定时期内发表文章的速度和数量的增加在一定程度上可以说明该领域研究的理论水平和发展速度。1998~2018 年被 CSSCI 收录的有关数据挖掘的论文时间分布情况见图 6-1。

数据挖掘作为一门数据智能分析技术在 20 世纪末才刚刚兴起。因此,1998~1999 年我国研究论文发文量较少,并且研究内容主要表现为概念的、描述的、研究方法的探讨与数据挖掘技术的初步应用。

2000 年以后,随着数据挖掘研究和应用的快速发展,新的或改进的算法不断出现,所调查的数据类型日益丰富,应用领域逐渐扩大。从图 6-1 中可以看出,2000~2005 年我国经济科学领域有关数据挖掘的发文量呈指数增长趋势,数据挖掘作为经济学、统计学、人工智能等学科的交叉学科正在蓬勃兴起。自 2006 年以后,发文量基本趋于平稳,这也说明了我国经济科学领域对数据挖掘的研究与应用已过渡到学科发展期。

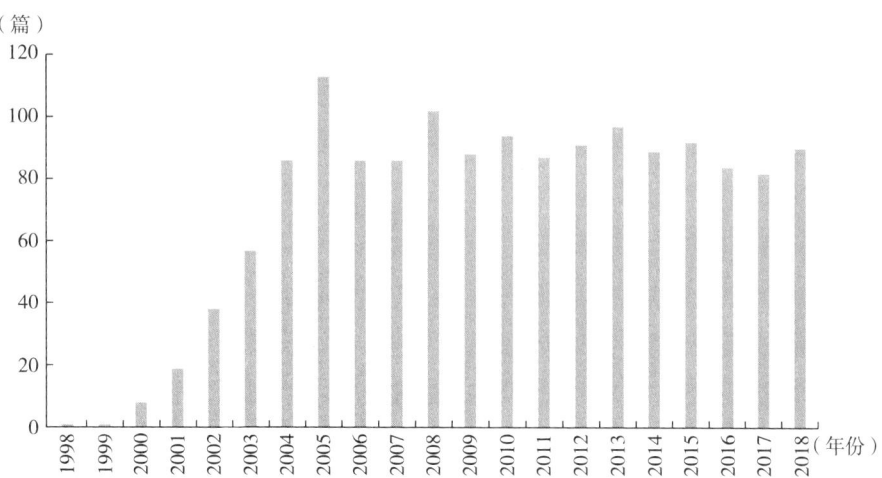

图 6-1　1998~2018 年被 CSSCI 收录的有关数据挖掘的论文发表数量

二、数据挖掘文献的基金资助分布

对数据挖掘研究基金资助论文的数量和基金级别进行统计分析,在一定程度上可以反映出我国经济科学界数据挖掘研究的新成果、新趋势,有利于专业研究人员掌握最新、最有价值的专业情报,同时也可以透视经济学界数据挖掘研究的学术水平和质量,反映国家乃至地方对该领域的重视程度。表 6-1 给出了历年受到各级基金资助发表的文献数量。

表 6-1　1999~2018 年数据挖掘文献的基金资助分布情况　　　　　　　单位:篇

年份	国家级基金资助	省部级基金资助	校级基金资助	合计
1999		1		1
2000		1		1
2001	5	1		6
2002	9			9
2003	8	4	2	14
2004	14	1	4	19
2005	24	12	2	38

续表

年份	国家级基金资助	省部级基金资助	校级基金资助	合计
2006	20	8	4	32
2007	23	12	5	40
2008	31	14	6	51
2009	24	16	6	46
2010	26	18	9	53
2011	29	21	10	60
2012	33	19	12	64
2013	35	24	8	67
2014	32	29	11	72
2015	43	25	19	87
2016	41	33	26	100
2017	47	40	28	115
2018	46	42	24	112

可以看出，从1999年开始，国家级基金、省部级基金、校级基金资助的论文总量在逐年攀升。由1999年和2000年的各1篇省部级基金资助论文，到2001年的5篇国家级基金资助论文和1篇省部级基金资助论文。2003年，数据挖掘研究基金资助论文分别为国家级资助8篇，省部级资助4篇及校级资助2篇，以后各年获得的资助都有新的提高，从国家到高校，都加大了资助力度，研究人员持续性研究的积极性得到提高，我国经济学界有关数据挖掘研究的持续性得到更好的保障。

三、数据挖掘文献的关键词分布

对关键词的研究有助于我们了解数据挖掘研究的主题。经过统计，选出频次高于3次的关键词，见表6-2。

表6-2 数据挖掘文献的关键词分布情况统计

关键词	频次（次）	关键词	频次（次）	关键词	频次（次）
数据挖掘	613	聚类分析	29	信息检索	12
数据仓库	76	个性化	22	金融交易	11

续表

关键词	频次（次）	关键词	频次（次）	关键词	频次（次）
经济增长	52	决策	21	文本挖掘	10
区域协同	49	信息服务	15	搜索引擎	9
客户关系	42	电子商务	14	粗糙集	8
关联度	39	神经网络	14	计量经济	6
知识经济	35	联机分析	13	交叉销售	3

通过分析发现，1998~2018年，数据挖掘领域的研究热点既有数据仓库、聚类分析、神经网络等基础理论，也有如经济增长、区域协同、客户关系、决策、金融交易等应用领域的热点。因此，通过查阅相关文献资料，结合当前经济学界有关数据挖掘研究文献的关键词统计，可以将数据挖掘研究内容划分为基础研究和应用研究两大类：①基础研究包括数据挖掘的概念、功能、算法、技术等；②应用研究包括数据挖掘在经济学领域的应用研究等。

第三节 数据挖掘在经济学中的典型应用领域

一、数据挖掘在传统经济中的应用

（一）零售业

数据挖掘可以帮助传统线下企业了解客户的购买偏好，促进商品优化升级，使商品组合更加科学；对利润情况进行分析，使得库存和开支管理更合理；建立客户模型，分析客户忠诚度，更好地进行客户关系维护。

（二）金融业

数据挖掘促进了金融业的风险管理，分析市场波动的原因，建立投资预测模型，为投资决策提供科学支持；银行业等还可对客户进行画像分析，更好地建立客户信用系统，调整贷款政策，从而降低贷款的不良率，提高银行的核心竞争力。

(三) 医疗业

基因科学的进步依赖于对大量基因数据的分析，数据挖掘技术可以帮助专业人士对疑难杂症的攻关，提高医疗预测模型的准确率，促进药物实验的有效性，提供最佳的治疗方案；此外，门诊医疗可以有效地使用历史数据，推动医学诊断专家系统建立，提供医疗自动诊断、药物模拟合成等。

(四) 制造业

数据挖掘广泛地应用于产品生产线流程和技术规划领域，分析产品的实时情况，优化原料搭配，提高资源利用率；在检测产品质量方面，可以发现潜在的质量问题，提高产品的质量并减少废品率。

二、数据挖掘在数字经济中的应用

数字经济是当下热议的焦点，人类正在经历以互联网信息技术为基础的技术革命，人工智能、大数据、云计算等创造出了互联网经济、数字经济等一系列经济发展新态势。以数据为生产要素、以数据技术为创新驱动力，推动数字与经济快速融合协同发展，使得数字经济成为经济第二增长曲线，成为经济发展的重要动力。

于是，数据挖掘技术成为数字经济发展的关键，其促进了数据价值化、数字产业化、产业数字化，并使得数字化治理和治理数字化成为可能。数据挖掘实现了数据到智慧应用的转换，通过数据转化和数据赋能对社会发展和企业经验提供有力的支撑。

数字挖掘技术与数字经济的深度融合。首先，数据挖掘降低了数据存储、计算和传输的成本，可以提高数据采集的效率和质量，可以快速获取有效知识。Murodovna（2022）利用挖掘决策树算法，结合美国政府金融监管部门提供的贷款数据，生成分类规则的决策树模型，发现了贷款数据背后隐藏的可能违反监管要求、政策和法律的信息，为政府监管、干预金融提供了可靠的依据，提高了金融监管的效率。

其次，在数字产业化的过程中，多数实体经济主体使用数据挖掘技术进行经营决策分析和市场策略优化，帮助企业完成客户画像、商品测试、个性化推荐和决策支持等,有效地避免了传统生产经营产生的"牛鞭效应"。① 例如,关联规则挖掘方法可以反映表面无相关性的经济事件之间的关联关系,"啤酒和尿布"就是数据挖掘技术很好的例证,从而支持营销策略制定、商品组合促销、销售情况复盘等(袁澍清和王刚,2022)。

最后,不同算法可以适用于不同的经济影响方面,如关联规则算法可以反映经济事件之间的耦合关系和依赖程度;聚类分析可以反映不同经济事件隐含的共同特征;分类分析可以从现有的经济体数据中预测分析其经济特征、偏好;回归分析从经济体相关因素入手,找到因素间的相关关系。

三、数据挖掘在经济数据方面的应用

(一)数据挖掘在经济数据预处理方面的应用

在应用数据挖掘技术的过程中,利用预处理方法可以对提取的基本信息进行智能分析。但是,数据结构本身会受到经济信息的影响,很难建立数据收集机制。因此,在实际应用中,数据信息的预处理是一种不容忽视的管理机制和控制措施。通过对经济统计数据的预处理,可以对数据的差距、不真实性和不准确性进行协调描绘和分析。

数据清洗的过程是处理基础数据问题的过程,可以选择使用均值法、平滑法或预测法。其中,在选择均值法对数据进行处理的过程中,可以对基础数据中的噪声数据和数据点的空值进行均值处理,以保证数据库可以使用属性均值补充数据中的空白。只有保证数据挖掘系统在基础数据分析结构中充分契合,统计和分析数据才能更加有效和完整。

在采用平滑法处理数据时,可以统一计算基础数据的空值和噪声数据,并采用加权平均处理机制,进一步分析提取数据的影响权值,保证实际的计算结果更加真实。

(二)数据挖掘在经济数据集成化结构方面的应用

应用数据挖掘技术后,即使同一地区的数据信息与统计主体和标准不同,也

---

① "牛鞭效应"是供应链上的一种需求变异放大现象,使信息流在供应链传递时,无法有效地实现信息共享,使信息扭曲而逐级放大,导致需求和供给信息出现越来越大的波动。

必须采用相应的数据集成系统,保证数据集成效果的优化,提高数据统计的准确性,这也是数据挖掘技术一直追求的目标。

第一,数据结构要深度整合。由于经济活动中的数据具有量大、类型相对复杂的特点,所以需要系统、深入地处理经济数据信息的整合结果和呈现方式。其中,在使用数据挖掘技术时,需要对包含元数据的模块进行有效的比较,以保证实体识别的效率,满足质量标准的要求。

第二,要深入分析数据冗余问题,因为数据挖掘技术本质上是对数据进行深度处理的过程,所以在这种情况下,为了保证经济统计价值的完整性,需要保证技术模型处于相对简单的状态,要去除冗余属性,并细化问题数据的处理。例如,以人均国民生产总值为例,数据信息主要是利用国民生产总值和人口属性进行计算和获取,因此需要对数据进行精简。

(三)数据挖掘在经济决策方面的应用

在应用数据挖掘技术的过程中,需要针对底层数据展开系统化的分析及总结,以确保数据的输出效果更加完整,并且输出的形式与经济管理人员所制定的决策需求相适应。

决策树可以快速且直观地形成数据模型,深化处理数据信息。借助训练集构建决策树,根据具体问题和参数要求,科学合理地构建可行的分析策略,并在短时间内输出数据分析模型。同时,利用已有的决策树对数据信息进行分类,保证连续递归过程的优势得到有效的发挥,然后将数据按条件进行分类。

但需要注意的是,在节点上的所有数据都属于同一类别的情况下,它们处于最常见的停止状态;在另一种情况下,可以在具有分类属性的输入数据的第二次分割中停止分类。在经济数据统计实施过程中,应定期采用剪枝操作程序,借助决策树,尽可能避免波动,增强数据的有效性和稳定性。

四、数据挖掘在经济领域的应用前景

数据挖掘应用于经济研究的目的可以概括为:优化传统经济指标、构建经济先行指标、构建经济预测指标、发现经济变量之间的联系等,旨在利用传统上被忽略或难以分析的海量非结构化数据,找出数据之间的联系进而揭示更深刻的经济意义。基于数据挖掘研究经济的两个主要方向:经济预测和验证与开发经济理论。

目前大多数经济学家倾向于从经济数据中发现和解释经济现象，构建可验证的模型进行现时预测。大数据缩短了预测周期，使得政府、企业、个人能够更加及时准确地掌握经济运行情况，对制定经济政策、企业决策、个人消费选择等都具有重要意义。在与经济理论结合方面，海量数据为验证、发现经济理论提供了基础。例如，通过分析就业网站的职位发布和用户匹配信息可以研究失业的影响因素，对社交 App 上的商品进行销售分析可以研究影响消费者购买决策的因素。大数据研究方法不是对传统经济学研究的颠覆，而是作为一种补充，使得经济学研究的微观基础更为丰富，宏观框架更为稳固。

此外，数据挖掘技术在未来将更具有效性、综合性及适用性。为系统地了解数据挖掘技术的价值，充分发挥数据挖掘技术的重要作用，促进经济统计整体可持续发展，下文将通过以上三个方面的发展趋势展开进一步的探讨与研究。

（一）有效性

数据挖掘技术能够针对数据信息实施深层加工，这是统计工作的重要基础。在长期统计数据积累的同时，可以对基础数据进行深度加工和分类。但在实践中，基于使用人员对数据的实际需求，站在应用多维数据信息分析的角度，数据挖掘技术可以对数据信息进行统计和分类，使原始数据库得到科学、系统的分类，借助这种形式，数据信息的管理变得更加方便和快捷。

（二）综合性

数据挖掘技术本质上是一种系统的数据统计工具，而不是单一的数据分析，可以满足用户对不同类型信息处理的需求。近年来，在我国社会经济高速发展的大背景下，经济管理部门也应该对经济发展数据进行统计分析。需要注意的是，行政权限和处理权限的数据信息存在明显差异，经济管理部门应采用符合多元化需求的统计分析，确保数据信息的有效转化，使得经济统计结果更加准确。

（三）适用性

对于我国经济管理部门而言，在职权管理工作方面表现出相对分散的特点，并且各类型经济管理部门对于数据信息的需求量也存在明显的差异。在大多数地区，许多经济管理部门的传统统计活动在实施中存在局限性，无法借助经济统计活动提供高质量的服务；也容易出现重复统计或不完全统计的问题，这些都会直接影响经济数据分析的有效性。对数据挖掘技术的应用可以避免上述问题,确保数据资源的丰富性与多样性,保证获得的数据更加翔实。

未来数据挖掘的进一步发展需要克服大数据信息获取难度大、大数据精确处理和分析形式复杂、大数据与经济理论结合度相对较差等问题。虽然困难重重,但是随着信息化技术的飞速发展,数据要素性将得到充分体现,经济学中对数据的研究将成为重要分支,科学的数据分析将成为高质量发展的重要内涵,"数据红利"将真正造福人类社会。

第七章　复杂网络方法的兴起及其在经济学研究中的运用

第一节　复杂网络方法的起源及其算法演进

一、复杂网络方法的起源

（一）传统网络

真实世界中存在着大量系统，如电力系统、网络系统、神经系统、交通系统等，需要我们透过纷繁复杂的表象，利用网络对其内容和结构等进行描述。一个典型的网络是由许多节点与连接两个节点之间的连边组成的，如神经系统可以看作大量神经元通过神经纤维相互连接形成的网络，电力系统可以看作用户与电厂通过电网相互连接形成的网络。

节点之间的连边情况是网络节点的核心研究对象，即研究聚焦于节点之间的关联关系。至于节点在网络中的大小、位置，连边的长短、曲直、粗细、相交与否，是节点关联联系的细分属性，并不影响节点是否关联。于是，研究者把这种不依赖于网络节点和边的具体性质和形态就能表现出来的性质叫作网络的拓扑（Topology）性质，而相应的网络结构即是网络的拓扑结构。什么样的拓扑结构更能真实地描述我们所处的世界是研究者们关心的首要问题。

最初，研究者们认为真实系统各因素之间的关系可以用规则的结构来表示，如格子衬衫上的格子网络、蜂巢上的六边形网络即规则网络。其后，研究者们认为节点的连边可能是动态随机的,于是引入了概率决定的思想,这样生成的网络就是随机网络。近年来,研究者们发现了介于规则网络和随机网络之间的一种具有不同统计性质的网络拓扑结构,于是将其称为复杂网络。总之,关于系统网络的研究经历了规则网络—随机网络—复杂网络的演变路径。

(二)复杂网络

随着近年来关于复杂网络(Complex Network)理论及其应用研究的不断深入,人们开始尝试运用这种新兴理论工具来研究世界中的各种大型复杂系统。其中,复杂系统的结构及系统结构与系统功能之间的关系是人们关注的热点问题。要研究这些复杂系统在结构和功能上的特点,就需要用统一的工具描述这些复杂系统。在复杂网络理论中,这种工具就是网络图。网络图起源于1736年欧拉对哥尼斯堡七桥问题的研究,他得出"一次性不重复地走遍七座桥是不可能的"结论,由此图论诞生。但是之后关于图的研究相对停滞,直到20世纪60年代,两位匈牙利数学家厄多斯和瑞利建立了随机图理论,其被公认为是在数学上开创了复杂网络理论的系统性研究。之后的40年里,人们一直将随机图理论作为复杂网络研究的基本理论。直至1998年,Watts及其导师Strogatz发表在 Nature 上的文章"Collective Dynamics of 'Small-World' Network"揭示了复杂网络的小世界性质[1]。随后,1999年,Albert及其博士生Barabási发表在 Science 上的文章"Emergence of Scaling in Random Networks"又揭示了复杂网络的无标度性质,这两项开创性的研究开启了复杂网络研究的新纪元。[2]

复杂网络主要研究的是系统中个体之间的相互作用所产生的对系统整体行为、性质和状态的影响,其研究方法是将系统中的个体视为网络中的节点(Node),个体之间的关系视为连边,这样复杂网络就可以描述和研究系统构成的拓扑结构了。

二、复杂网络的特性

复杂网络能够很好地描述自然科学、社会科学、管理科学和工程技术等领域

---

[1] Watts D J, Strogatz S H. Collective Dynamics of "Small-World" Networks [J]. Nature, 1998, 393 (6684): 440-442.

[2] Albert-László Barabási, Réka Albert. Emergence of Scaling in Random Networks [J]. Science, 1999, 286 (5439): 508-512.

的相互关联的复杂模型。它以数学、统计物理学、计算机等为分析工具,以复杂系统为研究目标。复杂网络是 21 世纪发展较快的一门交叉学科,然而到目前为止,在网络科学的研究中,复杂网络没有统一的定义。顾名思义,复杂网络就是高度复杂的网络,但很难给出一个严格的定义。钱学森对于复杂网络给出了一个描述性的定义:具有自组织、自相似、吸引子、小世界、无标度中部分或全部性质的网络称为复杂网络。维基百科中将复杂网络定义为由数量巨大的节点和节点之间错综复杂的关系共同构成的网络结构,即一个有着足够复杂的拓扑结构特征的图。Bollobás 和 Riordan 将其定义为随机图过程。前者是一个定性定义,过于宽泛;后者涉及数学上的随机图过程,过于抽象。

复杂网络的优美结构和新奇规律,吸引着越来越多的人去探索更多的奥秘。大多数复杂网络的复杂性表现在以下几个方面:

(1) 网络规模庞大。网络节点数可以有成百上千万个甚至更多,但大规模的网络行为具有统计特性。

(2) 连接结构的复杂性。网络连接结构既非完全规则也非完全随机,其具有内在的自组织规律,网络结构可以呈现出多种不同的特性。

(3) 节点的复杂性。首先表现为节点的动力学复杂性,即各个节点本身可以是各种非线性系统(可以由离散的和连续微分方程描述),具有分叉和混沌等非线性动力学行为;其次表现为节点的多样性,复杂网络中的节点可以代表任何事物,而且一个复杂网络中可能出现各种不同类型的节点。

(4) 网络时空演化过程复杂。复杂网络具有空间和时间的演化复杂性,可展示出丰富的复杂行为,特别是网络节点之间的不同类型的同步化运动(包括周期、非周期、混沌和阵发行为等运动)。

(5) 网络连接的稀疏性。一个由 N 个节点构成的具有全局耦合结构的网络的连接数目为 $O(N^2)$,而实际大型网络的连接数目通常为 $O(N)$。

(6) 多重复杂性融合。若多重复杂性因素相互影响,将导致出现更加难以预料的结果。例如,设计一个电力供应网络需要考虑此网络的进化过程,其进化过程决定网络的拓扑结构。当两个节点之间频繁地进行能量传输时,它们之间的连接权重会随之增加,通过不断的学习与记忆可逐步改善网络性能。

除了复杂性,复杂网络一般还具有以下三个特性:

第一，小世界特性。在网络中，两个节点之间的距离被定义为连接两点的最短路径所包含的边的数目，因此把所有节点之间的距离求算术平均数，得到的就是网络的平均距离（Average Distance）。衡量网络节点聚类情况的参数是簇系数，具体定义为节点的所有相邻节点之间的连边数目占可能的最大连边数目的比例。大多数网络尽管规模很大，但任意两个节点间有一条相当短的路径，并且相邻节点的连边数目相对密集，于是复杂网络就具有了大簇系数和小平均距离的统计特征，即为小世界效应。

第二，无标度特性。人们发现一些复杂网络节点的度分布具有幂指数函数的规律。因为幂指数函数在双对数坐标中是一条直线，这个分布与系统特征长度无关，所以该特性被称为无标度特性。无标度特性反映了网络中度分布的不均匀性，只有很少数的节点与其他节点有很多的连接，成为"中心节点"，而大多数节点的度很小。

第三，超家族特性。2004年，Milo等发表在 *Science* 上的文章比较了许多已有网络的局部结构和拓扑特性，他们发现一些不同类型的网络特性在一定条件下具有相似性。尽管网络不同，只要组成网络的基本单元（最小子图）相同，它们拓扑性质的重大轮廓外形就可能具有相似性，这种现象被称为超家族特性。顾名思义，不同网络之间存在与某个家族的"血缘"关系，而出现与该家族相似的特性，究其原因在于它们拥有相同的或相似的网络"基因"。目前，对于超家族特性在研究理论方法和技术上都有待进一步发展，需要更多的实证研究和理论证明。

第二节 复杂网络应用于经济学研究的文献分析

一、实证研究

最基础、最首要的研究是探究将复杂网络的相关理论应用于真实世界的可行性，大量研究证明了现实世界网络契合了复杂网络的特性。一所大学、一家公司、一个商场具有小世界特性（Watts and Strogatz, 1998）；电力输送网络、交通运输网络、城市街道社区网络也具有小世界特性。

（一）交通网络

国外方面，有学者对印度铁路网的结构特性进行了研究，数据结果表明，印度铁路网显示出小世界特性；还有学者通过调查分析，发现全球航空运输网络是一个无标度的小世界网络且拥有多元的社区结构。Kurant 和 Patrick（2006）从现实生活中的交通模式知识出发，提出了一种从公共交通系统时间表中提取真实物理拓扑结构和交通流网络的算法。Sienkiewicz 和 Holyst（2005）对波兰 22 个城市的公共交通系统进行了分析，其度分布遵循幂定律，即具有无标度特性，所有被考虑的网络也都表现出小世界的组织行为特性。Guida 和 Maria 分析了意大利机场网络，发现它具有非常显著的无标度网络特征，其度、中间性和中心性分布遵循典型的幂律分布，可以归类为小世界网络。Derrible 和 Kennedy 通过调查分析了全球 33 个城市轨道交通系统，发现大多数地铁都是无标度的和小世界特性的，并且无论是地下、轻轨还是高架，规模越增大，其统计特征越典型（Sharav et al.,2018）。有学者分析了美国机场网络的二元结构和根据美国国内航班的航路位置信息建立的加权图的结构特性，结果表明其具有无标度、小世界和不混合的混合特性，符合主流观点。

国内方面，关于交通运输网络的复杂性和相关问题，有学者研究了城市公交网络的无标度特性及度分布指数，并以北京市公交网络为例完成了实证分析。高中华等采用原始法对城市道路网络进行适度抽象，利用 ArcGIS9.0 和 Matlab7.0 处理空间数据和属性数据，进而验证了城市道路网络的小世界特征（高自友等，2005）；王绞娥等（2009）以城市为节点对我国航空网络的空间结构进行了分析，发现其度累计概率分布表现为具有置信度较高的指数分布，并且具有较小的平均路径长度（2.23）和较大的簇系数（0.69），整体结构呈现"小世界网络"的特点；唐芙蓉等（2010）根据中国铁路交通网络实际数据分析了铁路网络的拓扑结构，分析结果表明中国铁路交通网络具有无标度特征的小世界网络特点；张晋等（2013）针对北京市地铁实际网络及运营关系，分别构建了 Space L 和 Space P 拓扑结构模型，利用两种不同的拓扑结构模型验证了其复杂网络特性，即满足了无标度特性和小世界特性。

（二）城市网络

街道网络符合复杂网络特性方面，为了表征街道网络中街道的不同聚类程度，可以将聚类系数推广到考虑 K 个邻居的 K 聚类系数，Jiang 和 Claramunt（2004）据此对三个城市进行验证，结果表明大型城市街道网络会形成小世界网络且具有无标度特征；Crucitti 等（2005）研究了不同大洲的 9 个世界城市的街道模式在地理空间网络中表现出来的中心性，这些模式结果表明，这些城市分为计划和自组织两种不同的普遍性类别，其中自组织城市展现出与非空间网络一致的无标度特性；关于中国台湾都市街道网络的标度性质，蒋幼龄等（2012）分析台北市、台中市、台南市和高雄市 4 个城市的基本与二重网络图，并发现各城市道路长度和连接数的累积分布函数都大致遵守幂律下降的函数形式；叶彭姚等（2012）以城市道路网中的连续道路中心线作为网络拓扑结构的基本分析单元，采用对偶法对我国 12 个不同规模和形态的城市道路网的拓扑结构进行了抽象，指出我国城市道路网的拓扑结构是典型的小世界网络，其度分布函数为幂律形式，又具有典型的无标度特性；还有基于 GIS 技术和复杂网络理论对城市道路网络的研究，胡一竑等（2009）发现国内杭州、苏州、嘉兴、无锡 4 座城市的街道网络拥有相似的特性。

（三）电力网络

有学者提出了将线路电抗引入小世界电网的拓扑模型中，通过对电网加权模型分析表明，电网的加权模型保持了小世界特性（丁明和韩平平，2008）。进一步地，王先培等（2017）探寻电力系统信息网与电力网的交互机理，建立起电力 CPS 耦合网络模型及连锁故障传播及演化过程，对保障电力系统安全和稳定运行具有重要的理论意义和现实意义。

通过国内外学者在诸多领域的不断论证，我们可以认为，现实生活中的真实网络既不完全是规则网络，也不完全是随机网络，而是复杂网络；与此同时，这样丰富多彩的网络结构拥有两个重要的统计特征：小世界效应和无标度特性，这使得复杂网络相关理论的推广与应用得到了一定的理论支持。

二、模型基础研究

这类研究主要是复杂网络的基础原理在实际网络中的应用，一方面通过分析真实网络的统计特征、相关参数,从复杂网络的视角重新解读实际问题;另一方面通过对实际网络的验证分析,进一步完善了复杂网络的理论基础。

(一) 理论基础

Girvan 和 Newman(2002)研究认为网络中度数高的节点会与更多的其他节点相连,度数低的节点会与更少的节点相连,他们据此特性构建了一个分析模型,使得网络更容易扩散;此外,他们还发现了网络中的另一个属性,即社区结构属性,就是网络节点以紧密团结的方式连接在一起。Mantrach 等(2010)提出了一种有向网络的介数,该方法通过最小化相关熵在网络中传播的成本来刻画节点重要度。Kitsak 等(2010)提出利用 K-核(KS)分解法来挖掘中心节点,该方法认为 KS 指标越大的节点越重要。然而,在 BA 网络和树形网络中,所有的节点具有相同的 KS 值,同层的节点无法比较其重要性。Bode(2016)在论文中提出了一个具有底层网络拓扑的复杂系统,着重解决了三个研究问题,即演化网络的结构、复杂网络中公平性的显现和基于动力学研究网络结构演变的模块化同步。

网络结构和功能之间连接的一般机制依赖于隐藏在可观察网络后面的度量空间,其支撑了全网知识的有效沟通。现实世界系统所具有的多重特性,使得研究者必须要考虑网络的时变性和多层性。在真正的生长网络中,拓扑结构和几何特性自动地从其动力学规则中显现。与此同时,学者们发现几何级增长网络的这些性质也存在于生物、社会的大量实际网络中。有学者开发了一个根据信息流来分析网络中各种控制的理论框架,通过这种方法,可以预测网络所需的控制数量,并在控制的基础上可以对不同大小、结构和功能的网络进行直接比较。

谭跃进等(2006)以网络中的节点数量和节点间的平均路径长度定义了网络的凝聚度,克服了节点删除法的弊端,对于大型复杂网络来说可以获得理想的计算结果。孙睿和罗万伯(2012)也考虑到真实网络的生长演化规律,提出了一种基于节点吸引力的可调参数复杂网络模型;顾亦然和朱梓嫣(2017)利用斯皮尔曼等级相关系数,建立了 SRank 算法进行重要节点排序,该算法在无向和有向网络中均具有更高的准确性。韩忠明等(2015)根据结构洞理论与关键节点排序相关研究融合了网络约束系数、介数中心性、等级度、效率、网络规模、PageRank 值及聚类系数 7 个度量指标,并基于 ListNet 构建了一个能够综合评价面向结构洞节点的关键节点的排序模型。韩忠明等（2017）在经典指标的基础上提出了 K-shell 和 H-index 等一些可以应用于评价节点影响力的新指标。Lv 等（2012）提出了 LeaderRank 算法，该算法没有参数，相比于经典的 PageRank 算法更加精准。王甲生等（2012）引入节点连边的重要度评估，将节点的重要度表示为节点自身重要度与其连边重要度的加权和。张喜平等（2014）利用了 m 阶邻居节点的概念和路段节点引力场的概念定义了基于引力场的路段重要性评估函数，在评估函数中引入了 α、β 参数，动态地调节引力场取值相同的节点。

（二）复杂网络视角解读实际问题

1. 城市网络

国外方面，Porta（2005）则在对城市街道网络的一些结构特性进行了研究之后，认为原始方法对中心性的重要性体现更好，城市设计的潜力也能较好地表现出来。Jure 等（2009）研究了超过 100 个大型现实世界网络，从传统和在线社交网络到技术和信息网络及网络图，范围从数千个到数千万个节点，最终采用了近似算法来解决图分区问题，得到分区的统计特性和结构特性可以合理地解释为社区的图表的结论。Lieberthal 和 Portugali（2010）根据城市网络的演变和结构，引入了一个新的城市发展动态模型，该模型第一层是基于智能体的城市仿真模型，它模拟城市空间中智能体的运动和相互作用；第二层是网络模型，模拟城市网络演变过程中产生的结果。

国内方面，陈锐等（2014）则根据城市信息空间的特点建立基于辐射模型的城市信息影响力测度模型，并以网络联系测度指标构建城市信息空间联系网络模型，分析网络中的核心城市及城市合作子群的关系。赵国锋等（2016）采用对偶法将城市路网转化成拓扑结构图，确定了 4 项城市路网遭受攻击时的鲁棒性评价指标，并按照节点度、节点介数和边介数的大小对广州市海珠区的规划路网进行了选择性攻击。

2. 其他网络

国外方面，Jordán 和 Scheuring（2002）在食品网络的研究中提出使用产品组（如功能组）对应于节点的方法，并且对于非生物效应（气候，火灾）也较为重视。Crucitti 等（2005）提出一个基于网络流动的动态再分配的级联失效的简单模型，这对于具有高度异质分布的互联网和电网的负载分布的现实世界网络尤为有效。Comunian（2007）则试图通过对英格兰东北地区创意从业者的采访，强调了创意从业者之间、文化部门和文化基础设施之间的微观互动和网络的重要性。

国内方面，王林和张婧婧（2006）介绍了针对社会网络、病毒传播网络、交通网络和恐怖分子网络等几种不同类型的复杂网络的中心化过程，指出了复杂网络的中心化的实际意义；他们还分析了复杂网络中常用的几种中心化指标，通过定量比较指出了不同中心化指标的特点及应用场合。司夏萌等（2009）建立了具有社团结构的有界信任舆论涌现模型，发现具有社团结构的有界信任基本模型终态与社团间连通性无关，而只取决于交互阈值。许和连等（2015）运用网络中心性和模体分析，考察各国在贸易网络中的地位和贸易模式，并通过指数随机图模型探讨了"一带一路"沿线国家和地区的高端制造业贸易网络形成的主要影响因素。秦李等（2015）结合改进的主成分分析法和TOPSIS法计算节点重要性的排序结果，通过对ARPA网络和美国航空网络进行实验分析，验证了该方法的准确性和有效性，为进一步完善节点重要性评价方法奠定了基础。钰楠等（2016）将复杂网络理论应用于风险评估，建立了一套具有运行风险快速预警能力、多级运行风险分析能力、全面体现时空间及动静态运行风险能力的主动配电网运行风险评估体系。

三、复杂网络的动力学研究

复杂网络的一个重要特征就是内部关系的复杂多变，因此探索网络中由内部原因或外部刺激产生的各种变化结果及过程的动力学研究，自然成为众多学者的研究方向。

国外方面，洛佩斯-平塔多使用平均场的方法发现传播速率的阈值，研究行为在人群中的传播情况。桑托斯等调查了两种流行病暴发的门槛机制及自然选择下合作者与叛逃者进行协同进化的依赖性。阿里纳斯对生物系统和神经科学、工程和计算机科学及经济和社会科学各领域的演变进行了综述，认为无论是对自然还是人造网络，仅仅拓扑表征可能没有用处，研究必须考虑到所研究的网络系统的拓扑和动态特征之间的并发关系。Buldyrev等（2010）提出现代系统网络中节点的故障可能导致其他网络中相关节点的故障，可能会以递归方式发生，并可能导致级联失败。Dorogovtsev等（2008）提出了具有复杂结构的噪声神经网络的随机动力学模型。Goutsias和Jenkinson（2013）回顾了模拟马尔可夫反应网络的一般框架，提出了能够评估或近似主方程解的数值和计算技术，并且用神经网络动力学的三个代表性问题作为说明性示例。Bellomo等（2013）利用动力学理论描述了个人财富分配竞争与支持政府或反对政府的政治立场之间的相互作用。Dolfin和Lachowicz（2015）分析了在一个网络中几乎没有互动节点的社会中，意见进化过程中出现的集体现象，采用活性粒子动力学理论框架（KTAP），推导出一个通用的数学结构。

国内方面，翁文国等（2007）考虑网络节点的自修复功能、灾害蔓延机制和内部随机噪声，建立了一个普适性的灾害蔓延动力学模型，可以有效地模拟生命线系统的灾害演化。陈长坤和纪道溪（2012）运用复杂网络相关理论总结了灾害信息传播网络节点的大规模性、网络连接的稀疏性、连接结构的复杂性、信息传播的时间复杂性、信息传播的变异性、信息传播引发衍生灾害可能性的特征。李树彬等（2011）运用改进的中观交通流模型，分析复杂网络中的交通传播动力学特征和传播规律。刘刚和李永树（2012）利用引力场理论对网络传输过程中节点激发的引力场进行了描述，引入α和γ两个参数，用于调节数据传输对节点畅通程度、节点传输能力和路径长度的依赖程度。熊会会（2012）根据复杂网络相关理论和微博的特点构建了微博网络用户信息传播模型。任卓明等（2013）认为K-核分解方法对于识别复杂网络中最重要的节点具有重要的价值，然而该方法无法对复杂网络中大量最小K-核节点的传播能力进行准确评估。王辉等（2013）在CSR传播模型的基础上提出基于移动社交网络的CSR的谣言传播模型，新的谣言传播模型在匀质网络中传播范围更广，传播速度更快，具有初值敏感性的特点。刘群和易佳（2013）通过演化博弈与网络拓扑共演化方式，从微观角度提出了多社区动态网络演化模型（dMCPGG），不仅重现了无标度网络及随机网络的节点度、聚类系数及平均路径长度的结构特性，还准确捕捉到真实社交网络的演化过程。董本清和彭健钧（2016）采用聚类算法对复杂网络数据流的抽样结果进行分析，构成初始种群，该初始种群在适应复杂网络中异常数据特征的高动态变化上有着更好的表现。杨迎辉等（2016）针对多个性质不同、相互融合的复杂网络演化过程时变非均衡，网络结构层级交织，特点规律难以测度的问题，提出了一个多重边融合的复杂网络动态演化模型。

第三节 复杂网络方法在经济学中的典型应用领域

复杂网络在经济学中的典型应用领域十分广泛，包括基于复杂网络对系统性金融风险的研究，对银行业系统性风险的研究，对产业经济风险扩散的研究，对家庭金融行为及危机防范的研究等。例如，刘超等（2017）选用 2007~2009 年金融危机期间我国同业拆借市场的相关数据，构建相应的同业拆借网络，结果表明我国同业拆借市场具有典型的小世界和无标度特性；陈庭强和何建敏（2014）应用行为金融和复杂网络思想，以投资者情绪和市场流动性对信用风险传染的影响机制为切入点，构建了信用风险传染模型。

一、复杂网络与系统性金融风险

（一）复杂网络与系统性金融风险总体关系

从复杂系统或者复杂网络的角度看，系统的稳定性取决于系统组成部分的稳定性、系统之间的作用力与结构。因此，从金融系统的角度看，金融系统的稳定性取决于各金融机构的稳定性、金融机构之间的相互联系与金融网络的结构。

通过比较复杂网络与金融系统之间的同构关系来研究系统性金融风险，研究的方法是研究复杂网络特征与系统性金融风险特征之间的关系。例如，谁是关联最广泛的金融机构（网络节点），哪一家机构（网络节点）是传染发生最重要的渠道，系统重要性金融机构（影响力最大的网络节点）有哪些，金融机构联系最紧密的团体是哪些机构等；也可以研究金融网络的稳定性（网络的稳定性）和金融机构之间的关联度（网络的关联性）、金融网络之间关联形成的结构（网络结构）之间的关系。

在研究复杂网络的稳定性时，学者们发现外部的冲击会造成节点权值的减小或者消失，从而影响相关的网络连接权值的减小或消失；在研究金融系统稳定性时，学者们发现外部的冲击造成金融机构的减值或倒闭，从而造成相关的借贷或支付关系发生变化，并释放出风险。系统性金融风险是金融系统发生崩溃的风险，而对应到复杂网络中，也是网络系统发生崩溃的风险。除了通过定性的方式研究复杂网络特征与系统性金融风险特征之间的关系外，还可以通过定量的方式，研究风险在网络节点间造成的传染，从而确定网络的重要节点和网络系统的损失，通过这种方式对应到金融系统中就是金融系统的系统重要性机构与金融系统的损失。

(二) 复杂网络中心与系统性金融风险特征关系

基于复杂网络理论已经衍生出了一系列网络中心研究理论，映射在金融系统中，可以用于研究金融网络中心与系统性金融风险特征之间的关系。网络中心是复杂网络演化的主要推动者和控制者，是复杂网络的网络重要性节点。对应到系统性金融风险中，金融网络的网络中心是金融系统的系统重要性机构，是理解系统性金融风险的主要矛盾与主要方面，也是研究系统性金融风险的重点。

1. 关联中心

在金融系统性风险的研究中，有一个重要的观念即"太关联而不能倒"，如何识别并测量金融系统中机构的关联性是一个需要解决的问题。在复杂网络理论中，定义了网络中各节点的度，简单地说，网络中节点的出连接数为出度数，入连接数为节点的入度数，节点的出度数与入度数之和为网络节点的度。复杂网络一般用节点向量和邻接矩阵来表示，节点向量表示各节点的权值，邻接矩阵表示复杂网络中节点之间是否存在连接关系和连接的权值。假定节点 i 与节点 j 之间存在连接，则邻接矩阵的元素 $x_{ij}=1$，如果节点 i 和 j 之间不存在连接，则 $x_{ij}=0$。网络中节点的出度数定义为：

$$C_d(N_i) = \sum_{j=1}^{N} x_{ij}, \quad j \neq i \tag{7-1}$$

一般情况下，网络规模越大，网络节点度数越高，为了消除网络规模对节点度数的影响，可以使用 Stanley 和 Katherine 在 1994 年提出的测量方法：

$$C_d(N_i) = \frac{1}{N-1}\sum_{j=1}^{N} x_{ij}, \quad j \neq i \tag{7-2}$$

$C_d(N_i)$ 测量的是与节点 N_i 有连接的网络节点的比例，与网络的规模无关，这个值的范围在 [0, 1]。

复杂网络的度中心是复杂网络中节点度数最大的节点，也就是与其他节点连接数最多的节点。对应在金融系统中,是联系最广泛的金融机构。金融网络的度中心节点即是"太关联而不能倒的节点",该机构的倒闭会造成更广泛的影响。根据度中心的定义,复杂网络的度中心是复杂网络一个局部的度量,只和节点周边直接相连的节点有关。

2. 传染中介中心

介质中心定义了一个网络节点作为其他节点中介的能力,在金融网络中,节点的介质中心值是对节点传染能力的一种测量,介质中心值最高的节点消失,可以阻止更多的风险传染路径。节点的介质中心值的数学定义为:

$$C_b(N_i) = \sum_{j<k} \frac{g_{jk}(N_i)}{g_{jk}} \tag{7-3}$$

其中,g_{jk} 表示节点 j 和 k 之间最短路径的条数,而 $g_{jk}(N_i)$ 表示的是节点 j 和 k 之间最短路径通过节点 N_i 的条数。考虑到极端情况下,如果节点 N_i 为中心节点,任何两点之间的距离都会经过 N_i,则节点 N_i 的介质中心数为 (n~1)(n~2)/2,则节点的介质中心化指标可以归一化为:

$$C_b(N_i) = \frac{2}{(n-1)(n-2)} \sum_{j<k} \frac{g_{jk}(N_i)}{g_{jk}} \tag{7-4}$$

在金融网络中,介质中心是传染发生时最短路径经过的节点,防止传染中心出现倒闭,可以有效延缓传染发生的时间,减轻传染效果。在进行复杂网络分析时,可以加强对介质中心的管理,阻止系统性金融风险的发生,或者在系统性风险发生时,使介质中心提前清算,延缓或减轻系统性金融风险的影响。

3. 紧密中心

在复杂网络中,有两种方式可以描述网络的紧密程度:一是通过节点到其他所有节点距离之和的倒数来描述,采用这种描述方式时,节点的紧密程度越小,网络越松散;二是通过节点到所有其他节点距离的平均数来描述,这种情况下,节点的紧密程度越大,网络越松散。本书采用第二种方式来测量网络的紧密中心与网络的紧密程度,在文献中也被称为偏心距(Eccentricity),其中偏心距最小的节点称为网络的紧密中心,网络的平均偏心距被用来描述网络的紧密程度。

4. 影响力中心

影响力中心是对网络影响最大的节点,一般认为造成节点具备影响力的因素是网络中的连接与网络节点的独特性。在社会网络中对应为非常重要的个人或者机构,在 Internet 网页中对应网页的重要程度,在金融系统网络中对应于系统的重要性机构。测定影响力中心有两种方法:一是考虑网络中的邻接矩阵的影响,对应于邻接矩阵的特征向量,所得的中心被称为特征值中心;二是考虑网络中各个节点的独特性与邻接矩阵,所得的中心被称为 ∂ 中心。

在测量复杂网络的影响力中心时,复杂网络可以分为对称关系的网络和非对称关系的网络。除了度中心、介质中心与紧密中心外,考虑另外一种情形,一个节点选择一个节点发生联系时,会增加被选择节点的重要性,一个系统的重要性机构选择与更多机构发生联系时,会增加该机构的系统重要性。这种测量有一个一般的形式,假如网络的邻接矩阵为 A,元素 a_{ij} 表示节点 i 对节点 j 的贡献(联系权值),x 是所有节点的中心分数值,一般表达式为:

$$x_i = a_{1i}x_1 + a_{2i}x_i + \cdots + a_{ni}x_n \tag{7-5}$$

一个节点的分数是这些选择与它发生联系的节点的分数的函数,采用矩阵形式表示为:$A^T x = x$。要使方程有解,矩阵 A 必须有一个特征值为 1,但这并不总是能够成立。因此,可以假定节点的中心值只是部分等于它连接节点的权重中心值,这样总是有非零的解。

$$\lambda x_i = a_{1i}x_1 + a_{2i}x_i + \cdots + a_{ni}x_n \tag{7-6}$$

矩阵形式为:$A^T x = \lambda x$。其中,λ 为矩阵 A 的特征值,x 是矩阵 A 的特征向量,因此特征向量是复杂网络节点的影响力中心的一个度量。

(三)网络关联度与系统性金融风险关系

在金融网络中,金融网络的关联度包含两个部分:一是网络连接的数量,二是网络连接的强度。从系统论的观点看,系统各个部分之间的作用力是系统能量的一部分,系统各部分之间的关联消失或者生成都伴随着能量的释放或者吸收。对应在金融网络中,金融网络的网络连接形成与消失直接伴随着金融系统风险的吸收与释放,这也是通过风险分担,形成金融网络连接,使系统性风险增加的原因,而在受到外部冲击时,随着风险溢出,网络连接消失而释放出非线性的系统性金融风险,是基于金融网络的系统性金融风险释放的典型特征。

1. 机构的系统性风险与风险分散

风险是如何被分散的?当系统性风险发生时,分散到系统中的风险对系统性风险是否有影响？根据以往的研究结论，单家机构分散风险的行为，实际上增加了系统性风险，那么系统性风险是如何增加的？从复杂系统相关理论看，系统的稳定性由系统各部分之间的关联度，系统的结构、系统各部分的稳定性共同决定。单家机构分散风险的行为，一是增加了机构之间的连接，二是增加了其他机构的风险。当系统受到冲击时，系统中机构出现倒闭或机构之间的连接被断开，都会释放出风险。

以往的研究表明，在外部冲击较小时，如果是高连接系统，系统性风险则较小，反之则系统性风险较大。从复杂系统的观点看，高连接的系统和低连接的系统处在不同的风险等级，高连接的复杂系统蕴含了大量的系统风险，但系统结构更稳定，受到小的冲击时，不仅不能干扰系统的正常运行，而且造成的冲击被系统吸收，使系统的风险累积起来；而低连接的系统的稳定性差，受到冲击后容易造成关联性断裂和机构倒闭，释放出更多的风险。从系统风险等级来看，如果在同一系统的水准上，一个高度连接的系统和一个低度连接的系统转变为同一个最终态的系统时，高度连接的系统将释放出更多的风险。

根据复杂系统的相关观点，金融风险积累在组成系统的金融机构与金融机构之间的关联中，分散的风险并没有消失，而是存储在系统中。系统的稳定性存在多态现象，当一个状态向另外一个状态转化时，可以吸收或者释放出风险。从这个观点看，机构分散风险的行为实际上增加了系统性风险，在该机构受到冲击时，有一部分风险会释放到外部经济系统中，另一部分风险会通过传染分散到金融系统的其他机构，而机构分散的风险，大部分会被系统吸收，成为金融系统的系统风险。

2. 网络相关性与系统性风险

在组合风险管理中，Markowitz 得出了选择不同的资产，可以降低组合风险的结论。主要原因是通过选择不同的资产可以分散风险，从而降低组合风险。从数学上看，只要两个资产之间的相关系数小于 1，就可以通过分散资产的方法降低组合风险。在复杂网络系统中，网络连接数代表着机构之间的相关性的程度，为了评估网络中总体的相关程度，需要引进整个网络的平均相关系数的概念。

网络相关性越低，代表着金融系统的相关性比较低，高相关性的金融系统，代表着金融机构业务的同质性、内部债务与流动性的高度关联性及金融机构的跨界融合现象等。从整体上看，高的网络相关性意味着更高的内部系统性金融风险，而低的网络相关性意味着更低的内部系统性金融风险。不过，系统性金融风险与外部威胁（外部冲击）、内生的金融系统脆弱性及冲击过后的金融系统状态密切相关。高内部系统性金融风险不一定在系统性事件发生时造成更严重的金融危机，这与外部冲击及受到冲击后金融系统的状态（倒闭的机构和受损的金融机构连接）密切相关。

（四）复杂网络传染算法

对计算机病毒传染、疾病传染及信息、风险的传播，传染算法是重要的研究对象，通过传染算法，我们可以清晰地了解传染是如何发生的，传染路径及传染的关键节点是哪些，传染造成的结果是什么，可以通过哪些手段来抑制传染的后果。然而由于假设的不同，传染算法存在很大的差异。金融网络传染算法很多，包括基于清算向量的算法（EN 算法）、基于流动性陷阱的算法、基于级联倒闭的算法、基于矩阵传染的算法、基于随机游走的算法。本书主要介绍三种算法：第一种是被广泛应用的基于清算支付的 EN 算法；第二种是 PageRank 算法；第三种是基于邻接矩阵传染的算法。

1. EN 算法

EN 算法是 Eisenberg 和 Noe 在 2001 年提出的由于传染造成银行间双边债务清算的一种算法。假定银行系统由 n 家银行机构组成，a_{ij} 表示机构 i 借给机构 j 的款项，n 家银行组成的相互间借贷关系网络可以用邻接矩阵 $A = \{a_{ij}\}$ 表示。由于银行机构不对自己借贷款，所以 $a_{ii} = 0$。邻接矩阵 A 的第 i 行之和，即 i = 1 到 i = n 之和 $\sum_{j=1}^{n} a_{ij}$ 表示金融机构 i 对其他机构的所有贷款，而邻接矩阵 A 的第 j 列 i 和，即 i = 1 到 i = 1n 之和 $\sum_{j=1}^{n} a_{ji}$ 表示金融机构 i 向其他机构的所有借款（债务）。

对于某个机构 i 来说，机构 i 的资产由所有者权益 E_i、银行间贷款 $\sum_{j=1}^{n} a_{ij}$ 及外部贷款 L_i 组成；机构 i 的负债由两部分组成：一是机构 i 得到的存款，用 D_i 表示，二是机构 i 的借款（负债），表示为 $\sum_{j=1}^{n} a_{ji}$，根据资产负债表平衡的原则，有：

$$E_i + \sum_{j=1}^{n} a_{ij} + L_i = D_i + \sum_{j=1}^{n} a_{ji}$$

在对银行机构进行清算时先考虑银行机构能收回多少贷款，然后再考虑银行机构能够偿还多少债务，不能全额偿还债务的银行机构在传染中倒闭。定义银行系统各个机构能偿还的债务向量为 $(R_1, R_2, \cdots, R_n)$，需要偿还的债务向量为 $\left(\sum_{j=1}^{n} a_{j1}, \sum_{j=1}^{n} a_{j2}, \cdots, \sum_{j=1}^{n} a_{jn}\right)$，则当 $R_i \leq \sum_{j=1}^{n} a_{ji}$ 时，机构 i 倒闭。$(R_1, R_2, \cdots, R_n)$ 被称为清算支付向量，在清算支付时按比例支付给出借机构，机构 i 偿还比例向量为 $\left(\dfrac{a_{i1}}{\sum_{j=1}^{n} a_{j1}}, \dfrac{a_{i2}}{\sum_{j=1}^{n} a_{j2}}, \cdots, \dfrac{a_{in}}{\sum_{j=1}^{n} a_{jn}}\right)$，则机构 i 收回的贷款为清算支付向量与机构偿还比例向量的内积：

$$\sum_{k=1}^{n}\left(R_k \dfrac{a_{ik}}{\sum_{j=1}^{n} a_{jk}}\right) \tag{7-7}$$

将式（7-7）代入银行机构的资产负债表表达式，得到：

$$R_i = E_i - D_i + L_i + \sum_{k=1}^{n}\left(R_k \dfrac{a_{ik}}{\sum_{j=1}^{n} a_{jk}}\right) \tag{7-8}$$

此时，系统传染并清算时有唯一的解 R_i，能够决定机构在传染发生后，机构清算的情况下该机构是否倒闭及承受多大的损失。

2. PageRank 算法

PageRank 算法是基于互联网中网页重要性排序的一种算法。以互联网中网页为节点，网页之间的链接为边形成了一个复杂网络，当时斯坦福大学的博士研究生谢尔盖·布林和拉里·佩奇研究了该网络并提出了 PageRank 算法，建立原型系统。PageRank 算法被用来计算互联网网页的重要性（网页的 PageRank 值），是互联网搜索引擎 Google 最早的网页重要性排序算法。PageRank 算法基于三个假设：一是如果一个网页被多个网页引用，那么该网页是重要的；二是如果一个网页被很重要的网页引用，那么该网页是重要的；三是用户随机访问网页集合中的一个网页，不考虑网页的回退功能，以后网页中链接的下一个网页的概率与该网页的 PageRank 值的乘积就是传递到被浏览网页的 PageRank 值。

如果有 n 个网页节点 p_i，PageRank 算法初始假定各个页面有相等的 PageRank 值，该值为 $1/n$，根据页面顺序计算各个页面新的 PageRank 值，第 i 个网页 p_i 当前的 PageRank 值为 PR（p_i），M（i）表示第 i 个网页 p_i 的入网页集合，

L(j)表示第j个网页p_j的出链接数量,d表示到达某个网页后用户继续向下浏览的概率(在Google搜索引擎中设置为0.85),则计算方式为:

$$PR(p_i) = \frac{1-d}{n} + d \sum_{p_j \in M(i)} \frac{PR(p_j)}{L(j)} \tag{7-9}$$

在第一轮计算完毕后继续执行第二轮递归计算,直到计算结果完全收敛。W表示列归一化后的邻接矩阵,计算方式为:

$$p_i = dWp_{i-1} + \frac{1-d}{n} \tag{7-10}$$

3. 基于邻接矩阵传染的算法

基于影响力模型的传染观点认为节点对其他节点的传染影响是按邻接矩阵进行的,计算影响力模型或者传染模型的第一步是构造邻接矩阵,网络节点的一次传播就是一次矩阵的乘法。

假定各金融机构的所有者权益向量为$E = (E_1, E_2, \cdots, E_n)$,构造的传染矩阵(邻接矩阵)为A,如果传染没有造成机构倒闭,则经过一次传染给各机构造成的损失为EA;如果没有机构倒闭,第n次传染给各机构造成的损失为$E(A)^n$。在n次传染后,如果没有机构倒闭,各机构的所有者权益组成的向量为$E(I-A-\cdots-A^n)$,其中I为单位矩阵。

基于邻接矩阵的传染算法最主要的是设计合理的传染矩阵,可以通过两种方式开展:第一种方式是通过计算一次传染后的实际损失,得出与各机构所有者权益之间的关系并计算得出传染矩阵;第二种方式是分析传染损失与传染因素之间的关系,得出传染矩阵并计算银行机构造成的传染。

二、复杂网络与家庭金融行为

中国是一个典型的传统关系型社会,家庭是金融行为得以实施的重要载体,家庭金融网络是由大量家庭和家庭金融行为构成的复杂系统。随着社会经济环境的发展,国内金融市场不断完善,也丰富了可供家庭选择的金融产品,家庭金融行为更具多元化,因此用复杂网络研究家庭金融行为具有时代机遇和重要意义。一方面,我国需要利用金融市场的财富效应增加居民的金融资产收入,从而扩大内需促进经济跨越中等收入陷阱;另一方面,研究家庭金融行为特征,可以为我国金融产品设计、金融政策制定、金融服务创新提供更多的参考。

家庭之间通过千丝万缕的联系形成复杂社会网络,家庭可以通过复杂网络拓宽金融渠道、交流信息。同时,家庭结构和类型也影响着家庭金融网络的发展,但是家庭金融行为网络的边的连接仅反映家庭在投资、借贷中成功的资金或物资、信息交流,要远比实际的社会网络稀疏。因此,使用 MATLAB 软件以 K=2 构建基础的最近邻耦合网络。

根据最近邻耦合网络的特性,可计算得到:

(1) 网络是规则均衡的,其中每个节点的度均为 2,网络平均度为 2。

(2) 网络平均路径长度 $L \approx \frac{N}{2K} = \frac{10000}{4} = 2500$。

(3) 网络聚类系数为 $C = \frac{3(K-2)}{4(K-1)} = 0$。

由上述结果可知,虽然最近邻耦合网络中每个家庭都与之相邻的节点相连接,但形成的网络平均路径长度高达 2500,不具备小世界特征,即现实中任意两个家庭的联系十分遥远,平均要通过 2500 个家庭才能在其金融行为中产生联系;并且由于网络聚类系数为 0,意味着不熟悉的家庭之间在金融行为中基本不产生互动。这均与真实的复杂社交网络极度不符。此外,由于网络度是均衡的,也就意味着所有家庭在网络中的地位完全相等,这也与实际不相符。

因此,为了更好地反映我国家庭金融行为的实际情况,借鉴 NW 小世界网络随机化加边过程对最近邻耦合网络中的节点依设定概率有向地随机加边连接,由于随机化加边的设定概率不是给定常数,而是由分类节点的性质确定的,故将形成的复杂网络命名为 NW-C 网络。

按家庭节点分类进行计算可以得到:①传统型与规范型家庭由于倾向于不产生亲友或民间借贷行为,在网络中具有最低的平均度,对其他家庭带来的影响最小;同时该类家庭也具备最低的平均聚类系数,主动获取信息的能力较差。②活跃型家庭的非正规借贷倾向较低,因此比传统型与规范型家庭的平均度、平均聚类系数略高,同样属于在复杂社会网络中对其他家庭金融行为影响较小的类别。③投机型家庭具有高达 16.0987 的最大节点平均度,并且平均聚类系数仅为 0.045,一旦产生风险将对复杂社会网络中的节点产生较大的影响。④平衡型家庭的节点平均度为15.5011，略小于投机型家庭，同时平均聚类系数为0.450，大于投机型家庭，也属于对网络中风险传播影响相对较大的家庭。

三、复杂网络与产业经济系统

产业经济系统是由大量企业及其相关部门按照一定的联系组合而成的一个复杂系统。这些企业及其相关部门可以看作产业经济系统中的要素或是不同的产业经济主体。产业经济主体之间存在着多种并存的关联关系，既有原材料供应的物理联系，也有信息流通的信息关联，并且产业经济主体自身的发展演化也会存在某种关系。产业经济系统实际上是一种存在重边、自环、多层网络的复杂网络。然而现有产业经济复杂网络的建模还停留在描述单一类型的多主体之间的同一类关系层面，有关节点的建模大多没有经济含义，只代表某个行业或某家企业，无法揭示产业经济主体自身发展演化的内在机理和产业经济系统结构的复杂性、产业经济主体的多样性及产业经济主体间多种关系并存的复杂性。

（一）产业经济系统的结构复杂性

从系统的角度来看，产业经济系统是由大量企业及其相关部门按照一定的联系组合而成的一个复杂系统，其复杂性主要表现为多样性、多层性、涌现性、非线性等复杂特征。多样性体现在产业经济主体的多样性及变量的多样性。非线性体现在系统内存在各种形式的正反馈和负反馈，因为产业内部的企业在规模、产品及企业之间的相互关系等方面存在差异，所以企业之间的作用是非线性的。随着产业经济主体的进入、退出，主体间的关联关系会发生快速变化，产业经济系统的结构也会随之发生变化。

虽然一些传统的产业经济学理论揭示了企业之间、行业之间的关系，但是这些理论模型都无法对具有多种关系并存、关系相互耦合、包含多种类型产业经济主体的产业经济系统的动态关系的变化进行全面的描述和解释。因此，需要一种新的建模方法来构建产业经济系统，有效地揭示其演化发展的复杂性。近年来，随着复杂系统科学，尤其是复杂网络、超网络的发展和深入，由于复杂网络可以轻易地描述系统要素间的关系，所以其被逐渐用于产业经济系统的建模与分析中。从复杂网络的视角来看，若将产业经济主体看作节点，产业经济主体之间的相互作用关系看作边，则产业经济系统实际上是一种存在重边、自环、多层网络的复杂网络。其中，重边代表产业经济主体之间存在多种并存的关系形式，自环代表产业经济主体自身发展演化的某种关系，多层网络代表不同层次的产业经济主体，如微观层面上的企业关联网络、中观层面上的产业或行业关联网络等。

(二) 产业经济系统的主题复杂性

企业是产业经济系统的基本经济生产单元，可将其视为产业经济系统的"核心主体"，而相关部门可以是政府、科研机构等。企业为了实现自身的目标会与其他企业产生合作或竞争，其中生产相同或相似的产品或服务的企业聚集，从而导致更高级的集群、战略联盟等新聚集体的出现，即通常所说的行业、产业或产业集群等，因此"行业或产业"又可以作为产业经济系统的"聚集主体"，体现的是企业聚集所具有的经济生产能力。因为企业的经济活动目的是生产产品或服务，所以产品或服务也可以看作产业经济系统的另一类"主体"。因此，本书认为产业经济系统可以视为产品层子系统（亚微观层）、企业层子系统（微观层）、行业层子系统（中观层）三个子系统构成的复杂巨系统，产品、企业、行业是各子系统的要素，可以称之为产业经济主体。由于产品的不同、企业的不同、行业的不同，可将产品、企业、行业视为不同类型的产业经济主体，产业经济系统包含了大量不同类型的产业经济主体，体现了产业经济主体的复杂多样性。

(三) 产业经济系统主体间关系的复杂性

产业经济主体之间存在着许多复杂的关系形式，下面以产品之间、企业之间、行业之间的关系类型为例来说明产业经济主体间关系的复杂性。

产品之间的关系可以分为替代关系、互补关系、独立关系。若保持其他因素不变，如果一种产品 A 的价格上涨会使另一种产品 B 的销售量上涨，则这两种产品是替代关系；若保持其他因素不变，如果一种产品 A 的价格下降会使另一种产品 B 的销售量上涨，则这两种商品是互补关系；若一种产品的价格的变化不会改变另一种产品的销售量，这两种产品为独立关系。若两种产品互为替代品，则它们之间就存在竞争关系。可见，产品之间的关系是多种多样的，替代关系、互补关系、独立关系及对应的竞争关系是常见的产品之间的关系类型。

企业间的关系也是复杂多样的，企业间的关系可以分为有清晰边界的市场交易关系和边界较为模糊的非市场交易关系，而非市场交易的企业关系又可称为中间组织或准市场关系。此外，竞争关系、合作关系、合约关系、股权关系等都是常见的企业间的关系类型。目前一些理论被用来阐述企业间的关系，如交易成本理论、资源依赖理论、社会交换理论、社会契约理论、产业互动网络理论及政治经济学理论等。这些理论分别从不同的视角来解释供应链企业间关系的本质，各理论之间互相补充。

行业之间的关系不仅包括了企业间的关系特征，也出现了新的行业层面的关系。不仅有产业链、服务链、资金链、技术链、人才链等"实"关联关系，也有知识链、信息链等"虚"关联关系。为了诠释行业之间的关系，产业关联理论被广泛运用。产业关联理论主要研究行业的中间投入和中间产出之间的关系，里昂惕夫提出了投入产出模型来分析这种关系。1987年3月，我国国务院办公厅发出了《关于进行全国投入产出调查的通知》，明确规定每5年（逢二、逢七年度）进行一次全国投入产出调查，编制投入产出表。投入产出表的部门分类是严格遵循"纯部门"或"纯产品"的划分标准的，即假设一个部门只生产一种产品或提供一种服务，并只采用一种生产技术方式。根据投入产出表编制的范围，除了全国的投入产出表外，区域、部门、区域间、国家经济体间的投入产出表也都被构建，为描述行业之间的关系提供了一种直观的分析方法。然而，基于投入产出数据构建的产业网络只能描述产业或行业之间存在的一种生产技术关系，无法揭示其他类型的关系。

由上述分析可知，产品间、企业间、行业间的关系类型很多，并且往往存在多种关系类型并存的现象，然而现有的研究停留在描述单一类型的主体之间的同一类关系层面，有关节点的建模在多没有经济含义，缺乏产品、企业、行业之间混合关系的建模及多种类型关系并存的多边建模方法。

（四）产业经济系统环境的复杂性及风险的多样性

产业经济系统的内外部环境十分复杂，一般来说外部环境包括自然环境、经济环境、社会环境、政治环境等；内部环境包括产业政策、市场供求情况、产业布局等。产业经济系统内外部环境的变化都将会对产业经济系统产生直接的或间接的影响。以自然环境为例，产业经济系统对自然环境具有很强的依赖性，即使在科学技术非常发达的今天，产业经济主体的生产、经营活动依旧摆脱不了大自然和资源环境的约束。一方面，自然资源环境决定了产业经济生产活动的分布，影响了产业经济生产力的发展水平，也决定了产业经济的产出水平；另一方面，自然灾害的频繁发生严重威胁着产业经济系统的稳定。尤其是我国地域辽阔，自然生态环境复杂，复杂的地理和自然生态环境导致了自然生态系统的演变充满着不确定性，于是就表现为我国从古至今自然灾害频繁发生。由此可知，产业经济系统面对的环境十分复杂。

若将产业经济系统视为一个整体，各种对产业经济系统的扰动事件都可以称为风险事件，简称风险。不确定性是产业经济风险产生的前提条件，不确定性越大，风险就越高。不确定性在客观世界中普遍存在着，是直接或间接影响产业经济活动的因素，无法准确地加以观察、分析和预见。本书认为产业经济系统的不确定性主要来自两个方面：一是产业经济内外部环境不规则的变化；二是产业经济系统的变化的不确定性，包括产业经济主体及主体间关系的不确定性。

由于产业经济内外部环境的复杂多样，所以产业经济系统面临的风险种类很多，如自然风险、政治风险、社会风险、政策风险、汇率风险、市场风险、信用风险等。风险之间可能存在复杂的相互作用关系，会使得其中某个风险被放大或是多种风险共存，理论上容易发生风险扩散。因此，对产业经济风险扩散进行研究有利于阻止风险扩散，确保产业经济系统的稳定及可持续发展，具有十分重要的现实意义。

第八章 大数据分析在消费经济研究中的应用

第一节 消费行为预测的研究背景及现有计量方法

一、消费行为预测的研究背景

经济社会发展的各个方面都需要进行预测研究,尤其是进入大数据时代以后,一方面,物联网、云技术的大量应用,存储计算资源成本的大幅下降和性能的大幅提升,使得数据的采集、存储及预测分析变得更加可行,预测技术得到了广泛而深入的应用;另一方面,传统商业和营销模式已经无法满足企业和金融机构发展的要求和顾客个性化的需要,亟须通过大数据途径刺激居民消费,促进国家经济增长。

消费行为预测对企业营销活动具有重要的价值,电商企业基于对用户在网站上的浏览或购物等行为数据进行分析,可以预测用户的消费行为,从而有针对性地为每个用户推送个性化的商品或服务,进而留住用户并提高销售额。例如,阿里巴巴得益于对用户行为数据的挖掘,"双十一"销售额从 2009 年的 0.5 亿元开始逐年攀升,并于 2017 年突破 1680 亿元。由此,电商往往通过分析用户在其网站的各种行为数据,尽可能地将每一位访问者转化为消费者,从而获得更高的转化率,最终实现公司效益的提升。此外,对消费行为的预测还可以保证顾客的忠诚度,避免潜在顾客产生反感心理,降低企业的形象。

消费行为预测对金融机构提供消费金融服务也具有深远的意义。在实际经济活动中，消费作为拉动经济的"三驾马车"之一，重要性是显而易见的。在一个运行良好的市场经济体中，居民无疑是消费的主力军，是消费金融的核心对象。因此，消费行为预测不仅可以促进金融机构产品和服务创新，也能使政府综合考量一国消费的宏观图景和微观细节，从而审慎施策。此外，消费行为与家庭生产和金融活动息息相关。预测消费行为有助于各方把握不同类型的家庭资产配置、消费偏好、生产经营等方面的信息，理解当前的消费环境，改善市场中信息不对称的情况。

二、消费行为预测的现有计量方法

通过计量模型进行消费行为预测已有了广泛的应用。其中，RFM模型将客户的最近一次购买（Recency）、购买频率（Frequency）、购买金额（Monetary）作为预测购买行为的要素；SMC模型则关注客户的最后一次交易的时间及交易频率，并假设客户交易过程服从泊松分布；BG/NBD模型对SMC模型进行了改进，假设客户在交易后可能变得不活跃，这更加符合现实情形。国内外众多学者对这几类计量模型进行了改进，尽可能地考虑多方面因素的影响，结合多元方法广泛地预测了各个领域的消费行为。例如，吴国华和潘德惠（2005）认为消费者购买行为服从Gamma分布，用线性对数的SMC模型预测了某超市用户的消费行为；Cho等（2013）在RFM模型中引入推荐算法的关联规则，按照新发生的购买行为调整权重，从而预测顾客的购买趋势。这些研究在很大程度上丰富了预测消费行为的计量经济学模型。

不过，这些计量模型大部分都需要对数据分布做出假设，如用户的重复购买次数服从泊松分布、购买时间间隔服从Gamma分布（Schmittlein and Peterson, 1994）、用户活跃时间服从指数分布等。这些假设过度简化了真实场景，有时会造成较大的误差。因此，近年来一些研究开始尝试用机器学习，包括决策树、神经网络、支持向量机等算法来构建预测模型，完全以数据作为分析依据，而无须事先限定复杂的模型假设前提。这些机器学习的算法与传统的计量模型比较起来，其应用更加灵活。从之前的相关文献分析中也可看出，基于机器学习算法对消费行为进行分析与预测是最近几年国外研究的热点。

第二节 网络消费预测的算法及模型

一般而言,用户网络购买及消费行为可以通过直接及间接两种反馈途径体现出来。前者指用户对商品的直接评价、评论等行为,直接表达对商品的感受;后者则是如浏览、点击、收藏和加入购物车等用户在网站上留下的与购买行为有关的数据。由于多数用户不会特意去评价商品,而且就算用户评论也可能不是其真实的想法。因此,直接反馈数据并不能完全反映出用户对商品的真实看法,而间接反馈则在某种程度上将用户真实的感受表达出来,所以当前对于用户消费行为预测的研究重点是基于间接反馈数据的。同时,由于用户大数据的积累,使得研究者可以通过更加精准的方式对用户的消费行为进行预测,而不必再通过分析问卷数据去寻找影响因子。

一、Logit 模型

预测用户是否进行消费是二值选择,适用于计量经济学中的离散选择模型,如线性概率模型(LPM)、Probit 模型或 Logit 模型等。其中,Logit 模型假定一件事情是否发生这个二值变量 y 服从伯努利分布,即 p(A) 和 p($\bar{A}$) 分别表示事件 A 发生与否的概率,用 y=1 和 y=0 来分别表示事件发生和未发生,则分布函数为:

$$p(y|x;\theta) = p(A)^y [1-p(\bar{A})]^{1-y} \tag{8-1}$$

可以使用 Sigmoid 函数 h(θ) 来描述事件 A 发生的概率 p(A):

$$p(A) = p(y=1|x;\theta) = \theta(x) \tag{8-2}$$

$$p(\bar{A}) = 1-p(A) = P(y=0|x;\theta) = 1-\theta(x) \tag{8-3}$$

其中:

$$h(\theta) = \frac{1}{1+e^{-(\theta^T x + b)}} \tag{8-4}$$

所以：

$$p(y|x;\theta) = [h_\theta(x)]^y [1-h_\theta(x)]^{1-y} \tag{8-5}$$

模型假设整体中每个样本服从独立同分布，那么根据最大似然估计，参数 θ 的似然函数为：

$$L(\theta) = p(y|x;\theta) = \prod_{i=1}^{n} p[y^{(i)}|x;\theta]$$

$$= \prod_{i=1}^{n} [h_\theta(x^{(i)})]^{y^{(i)}} [1-h_\theta(x^{(i)})]^{1-y^{(i)}} \tag{8-6}$$

Sigmoid 函数取决于 $L(\theta)$ 的对数求导得到的似然函数取最大值时参数 θ 的值，以函数的中间值来区分正反两类样本。

为了提高预测的精度，避免过拟合问题，本书在 Logit 模型实际应用中借鉴了机器学习算法的思路，在式子中加入正则化项 $r(\theta)$ 和惩罚参数 C 进行优化，原问题变为：

$$\max_{\theta,b} \ln[p(y|x,\theta)] + C \cdot r(\theta) \tag{8-7}$$

其中，正则化项 $r(\theta) = \|w\|^2$ 是每个样本到分界线的距离，而 C 为提前设定的外生超参数，即机器学习中的人为"调试"。

二、支持向量机模型

作为机器学习的一种分类算法，支持向量机的核心思想是找到一个具有最大间隔性质的超平面将样本分隔开，满足以下条件：

$$\max_{w,b} \frac{2}{\|w\|}$$

$$\text{s.t. } y_i[(w \cdot x_i) + b] - 1 \geq 0, \ i=1,2,3,\cdots,n \tag{8-8}$$

$\|w\|$ 为样本到超平面的距离，约束条件表示对所有样本均要实现正确分类。为了便于计算可将式（8-8）转化为式（8-9）的等效规划问题：

$$\min_{w,b} \frac{1}{2}\|w\|^2$$

$$\text{s.t. } y_i[(w \cdot x_i) + b] - 1 \geq 0, \ i=1,2,3\cdots,n \tag{8-9}$$

实践中允许在一些样本分类上出现错误，这是因为数据可能存在噪声，同时为了避免过拟合问题，因此在模型中加入松弛变量 ξ，使得一些靠近超平面的样本点可以不满足约束条件，则求解最优分类面的问题变为：

$$\min_{w, b, \xi} \frac{1}{2} \|w\|^2 + C \sum_{i=1}^{n} \xi_i$$

s.t. $y_i [(w \cdot x_i) + b] \geq 1 - \xi_i$, $\xi_i \geq 0$, $i = 1, 2, \cdots, n$ (8-10)

其中 C 为松弛变量 ξ 的系数。

为了提高计算效率，可用拉格朗日乘子法求解其对偶问题：

$$\max_{\alpha} \sum_{i=1}^{m} \alpha_i - \frac{1}{2} \sum_{i=1}^{m} \sum_{j=1}^{m} \alpha_i \alpha_j y_i y_j x_i x_j$$

s.t. $\sum_{i=1}^{m} \alpha_i y_i = 0$, $0 \leq \alpha_i \leq C$, $i = 1, 2, \cdots n$ (8-11)

可以证明在样本空间是有限维度的情况下，存在一个更高维度的空间使得样本可以被线性分开，所以当样本在原始样本空间中不能找到一个超平面正确地将样本划分为两类时，则可以将样本 x_i 映射为更高维的空间 $\Phi(x_i)$，在其中去寻找最优超平面实现样本的分类。方法是通过引入核函数解决样本由低维到高维空间引发的维数灾难问题①：

$$k(x_i, x_j) = \Phi(x_i)^T \Phi(x_j) \quad (8-12)$$

为避免特征映射的直接计算，核方法直接在原始样本空间计算核函数 $k(x_i, x_j)$ 替代高维空间中的内积计算 $\Phi(x_i)^T \Phi(x_j)$。高斯核函数是一种常用的函数形式：

$$k(x_i, x_j) = \exp\left(-\frac{\|x_i - x_j\|^2}{2\delta^2}\right), \delta > 0 \quad (8-13)$$

其中，δ 为高斯核的带宽。

三、基于 CART 的 Adaboost 模型

作为一种常见的机器学习分类算法，决策树也是一种有效的非参数学习方法，它通过分治策略实现层次的数据结构。CART 决策树是其典型的代表之一，通过计算基尼系数选取特征构造决策树。

基尼系数 Gini（D）根据式（8-14）进行计算，其中，D 为数据训练集，D

---

① 维数灾难问题通常是在涉及向量计算的问题中，随着维数的增加，计算量呈指数倍增的一种现象。

中的标签共有 K 类，C_k 为 D 中第 k 类的样本子集，C_k 与 D 的比值代表 D 中第 k 类样本所占的比例。

$$Gini(D) = 1 - \sum_{k=1}^{K}\left(\frac{C_k}{D}\right)^2 \tag{8-14}$$

如果第 t 个特征 F_t 会把数据集 D 分为 n 个子集，则特征 F_t 下 D 的基尼系数为：

$$Gini(D \mid F_t) = 1 - \sum_{i=0}^{n}\frac{|D_i|}{D}Gini(D_i) \tag{8-15}$$

下一步是找出使 Gini（D｜F_t）最小的 F_t，并以此为节点向下进行分割，重复循环计算每一个子集，直到每一子集中样本标签都相同，则成功构造了决策树。

Adaboost 算法的思想是迭代训练若干个 CART 的弱分类器，通过加权使其组合形成强分类器。

首先，根据上文构造的决策树作为第一个基础分类器 h_1，初始化 n 个样本的权重值 $D_t(i) = 1/n$；计算 h_1 的误差 ε_{1t}：

$$\varepsilon_{1t} = \frac{1}{n}\sum_{i=1}^{n}\varepsilon_i \tag{8-16}$$

ε_i 定义为未正确分类的样本数量与所有样本数量的比值。

其次，将初始平均权重按照平均误差更新 $D_t(i)$ 和分类器权重 W_t：

$$\beta_t = \frac{\varepsilon_t}{1-\varepsilon_t} \tag{8-17}$$

$$D_t(i) = D_{t-1}(i)\ \beta_t^{-\varepsilon_i} \tag{8-18}$$

$$W_t = \frac{1}{2}\ln\frac{1}{\beta_t} \tag{8-19}$$

最后，根据事先设定的迭代次数，重复以上步骤，最终构造出强分类器 H（x）：

$$H(x) = \sum_{t=1}^{T}W_t h_t(x) \tag{8-20}$$

四、集成算法模型

机器学习对于每个特定的学习问题都有与其匹配的较为合适的算法，但现实世界中，通常并不知道一个问题适用于何种算法。随着计算和存储资源可得性越来越强，集成算法逐渐变得热门。集成算法①是通过集成多个单一算法的学习结果形成新的组合模型，进而提高算法最终学习的准确率。

对于一组独立的分类算法，当它们在一个问题上的分类结果的准确率大于0.5（即优于随机猜测）时，使用多数投票法，分类的准确率将随着算法个数的增加而提高（Zhou，2009）。假设 d_i 是每个样本分类结果的后验概率，并且 d_i 是独立同分布的，$E(d_i)$ 为其期望，$Var(d_i)$ 为其方差，如果将每个基础算法的权重都设为 $\frac{1}{T}$，即使用简单平均法进行算法集成，集成算法的期望值和方差分别为：

$$E(\bar{d_i}) = E\left(\sum_{i=1}^{T} \frac{1}{T} d_i\right) = \frac{1}{T} T E(d_i) = E(d_i) \tag{8-21}$$

$$Var(\bar{d_i}) = Var\left(\sum_{i=1}^{T} \frac{1}{T} d_i\right) = \frac{1}{T^2} T Var(d_i) = \frac{1}{T} Var(d_i) \tag{8-22}$$

从上式可以得到，随着基础算法个数 T 的增加，集成算法的期望值没有改变，而方差却降低，因此集成算法的分类准确率将高于单个算法。当然，在实际操作中，T 值需要根据模型计算时间、复杂度等因素来确定，并不是越大越好。

集成算法的本质是通过对样本集进行学习从而确定每个基础算法的权重。简单平均法是其中的特例，即令权重 w_i 都等于 1/T，其中 T 为待集成算法的个数。从数据中计算的权重并不一定有良好的预测精度，甚至会产生过拟合的问题，这是因为现实中的数据存在一定程度的噪声，所以在处理实际学习问题时，简单平均法优于可变权重法（Lin et al.，2007）。

集成算法比构成其的单一算法具有更优效果的充要条件是：个体算法具有较高的准确率，同时它们之间具有较大的差异。例如，Logit 模型是基于概率的分类模型，支持向量机是基于间隔最大化原理的分类算法，决策树是树形路径的分类算法，通常认为将这些算法集成后获得的模型将有效降低计算结果的方差，提高结果的准确性。

---

① 集成算法（Ensemble）也可称为融合算法。

第三节 基于机器学习的网络消费行为实证研究

一、数据清洗及预测目标

本节案例数据来自某电商平台的用户购物行为数据,包括用户、商品及相应的交互动作。样本时间范围为31天,共计约210万个样本数据。

虽然每位用户每天可能有点击、收藏、加入购物车、购买这四种交互动作,但这四个交互动作包含的很多潜在特征与预测相关,如用户的偏好、商品的受欢迎程度等,因此需要将原始字段根据预测需要进行排列组合并提取特征。于是将用户、商品及商品种类两两组合,同时结合不同时间间隔内的四种用户行为,构造上百个特征向量。再利用机器学习的决策树算法,通过每个样本产生的信息增益[1]的大小顺序来进行特征约简,选择出排名靠前的组合特征,其中大部分是关于用户消费行为的,如时间段内用户i购买商品j的次数,这在某种程度上意味着用户i对商品j的需求强度;再如用户i是否将商品j加入购物车,这意味着用户i可能对商品j感兴趣。

由于这是一个不平衡的分类问题,即发生购买行为的样本数远低于未发生购买的样本数,并且由于计算时间和内存容量的限制,所以通过抽样来处理数据不平衡的问题。选出有购买行为的样本,在从未发生购买行为的样本中按照约1∶2的比例随机选出样本并组成训练集,进而缩小训练集中两类样本数的差距。

实证模型的目的在于预测第31天样本中用户的消费行为。对于这样的类别不平衡的分类问题,使用传统的错误率指标[2]是不合适的,所以用F1值[3]来评估

---

[1] 样本D_i的信息增益为$I(D_i, a_i) = H(D_i) - H(D_i | a_i)$,其值越大,代表这个特征给系统带来的信息量越大,其中,$H(D_i) = -\sum_{i=1}^{l} p_i \log_2 p_i$,$H(D_i | a_i) = -\sum_{i=1}^{l} \sum_{j=1}^{k} p(D_i, a_j) \log_2 p(D_i | a_j)$。

[2] 错误率是被错误分类的样本数占全部样本的比例,用该指标衡量模型的表现。

[3] F1值是用来衡量二分类模型精确度的一种指标。它同时兼顾了分类模型的查准率和查全率,其最大值是1,最小值是0。

模型的预测结果。F1 得分是查准率 P 和查全率 R 的加权调和平均,综合了两者的结果,计算公式为:

$$\frac{1}{F1} = \frac{1}{2} \times \left(\frac{1}{P} + \frac{1}{R} \right) \tag{8-23}$$

其中,查准率 P 和查全率 R 的计算公式为:

$$P = \frac{TP}{TP+FP} \tag{8-24}$$

$$R = \frac{TP}{TP+FN} \tag{8-25}$$

其中,TP 为模型预测正确的发生购买行为的样本数;FP 为模型预测错误的发生购买行为的样本数;FN 为实际发生购买行为但未被预测出的样本数。

二、各模型的实证预测结果

(一)基于 Logit 模型的网络消费行为预测实证结果

在 Logit 模型中输入抽样样本构成的训练集,根据经验将算法的超参数 C 的取值范围选定在 $[2^4, 2^{20}]$,按照指数递增的顺序在该范围内选择 10 个值作为 C 的可能取值。然后在 C 的每种取值上对训练集进行交叉验证得到最优模型。在该模型中输入测试集样本,其中预测结果为"1"的样本共计 635 个,表示第 31 天将发生购买行为。与真实发生购买行为的样本相比,其 F1 得分为 7.64%。

(二)基于支持向量机算法的网络消费行为预测实证结果

首先,将抽样样本构成的训练集输入 SVM 算法中。其次,交叉验证确定支持向量机的超参数 C 和带宽 δ。C 和 δ 的取值范围均选定在 $[2^5, 2^{10}]$,并按照指数递增的顺序在该范围内分别选择 C 和 δ 的 8 个取值,最优模型由算法在每种取值上进行交叉验证后学习得到。最后,将测试集样本输入模型获得预测结果,预测结果为"1"的样本共计 575 个,代表第 31 天将发生购买行为。与真实发生购买行为的样本相比,其 F1 得分为 7.82%。

(三)基于 CART 的 Adaboost 算法的网络消费行为预测实证结果

首先,将抽样样本构成的训练集输入算法中,生成 CART 决策树。其次,将 Adaboost 的迭代值定为 50,即进行 50 次交叉验证后得到最优模型。最后,在模型中输入测试集样本获得预测结果,共计568个为"1"的样本,代表第31天将发生购买行为。与真实发生购买行为的样本相比,其F1得分为7.87%。

(四)集成算法的网络消费行为预测实证结果

与单个算法构建模型的步骤相同,在混合算法中输入抽样样本构成的训练集,然后对该混合算法交叉验证得到最优混合模型。受计算资源的限制,混合模型参数选择范围被缩小。根据模型在不同参数取值上的预测表现,将Logit模型的C值范围选在[2^{10}, 2^{20}]、支持向量机的超参数C和δ的取值范围选定在[2^6, 2^8]、Adaboost的迭代次数定为50并进行交叉验证。在模型中输入测试集样本获得预测结果,共计584个为"1"的样本,表明第31天将发生购买行为。此结果与真实发生购买行为的样本相比,F1得分为7.95%。

(五)四种模型预测效果对比

表8-1展示了基于不同算法构建的模型分别取得的F1得分。比较测试集上F1得分的大小可以发现,相较于任何一个单一算法,集成算法预测的结果更加优秀。由于预测问题对F1值的要求比较苛刻,所以即使较单一算法,集成算法的F1值仅提高了零点几个百分点,其改善也还是比较明显的。

表8-1 四种模型的预测结果对比

模型选择	预测发生购买行为的样本数	F1得分(%)
Logit模型	635	7.64
支持向量机模型	575	7.82
基于CART的Adaboost算法	568	7.87
集成算法	584	7.95

第四节 机器学习的应用总结及展望

一、机器学习在消费经济的应用

本章案例通过对电商用户的消费行为预测,涉及了机器学习算法实现的各个主要环节,从问题识别、数据处理、构造特征组合,到选择合适的算法训练模型,并通过反复调参优化得到理想的预测结果。从本章的实证案例中可以看出,机器学习算法在预测方面明显体现出了优越性。首先,在数据清洗方面,机器学习的决策树算法就发挥了在大数据情况下的数据预处理优势;其次,在模型对比方面,机器学习算法较传统的 Logit 模型取得了更好的预测效果,尽管在本章中 Logit 模型也已经按照机器学习的研究思路进行了改良,如增加"惩罚因子"来避免过拟合问题、通过交叉验证来提高预测精度等。可以想见,如果使用的是网站上全部用户的所有消费行为数据,那么机器学习算法将在更真实的大数据条件下取得更好的效果。机器学习一般要经过现实问题抽象、数据收集、模型预处理及特征提取、模型构建、模型验证、模型评估的应用流程。现实问题抽象是将待解决的问题进行合理的定义和抽象,映射为机器学习可解决的分类、聚类及降维等。数据收集是应用机器学习算法的基础和前提。由于原始数据存在数据缺失、非平衡、非结构化、格式不统一等特点,需要数据清洗及规范化,以保证有效地提取问题的本质属性。接下来是机器学习的核心环节,根据数据集类型和问题特征选择适合的算法,构建模型来解决问题,包括算法选择和参数优化。之后,要测试模型是否有效,并评价模型的可扩展性、泛化性和模型的学习效果。

机器学习在大数据混杂多样、多变及不确定性的特点下,机器学习算法能够对数据进行清洗降维及约简特征等预处理,并利用大数据反复训练优化参数,实时学习到更符合需要的模型,体现出大数据背景下的研究优势。因此,机器学习一方面是大数据背景下经济学研究可以利用的新的数量分析法;另一方面也可以融合机器学习算法和传统计量模型各自的优点,使得传统计量模型更加适合大数据背景下的经济学研究,从而在新的环境要求下促使经济学的数量分析法不断发展,更加适应研究需要。

二、局限性与展望

虽然机器学习的方法正在越来越多地被应用到经济学的研究分析中,但是我们还是要清醒地认识到,这些应用并不是毫无限制的。在合适的领域正确运用机器学习的方法才会取得良好的效果,反之则是有危害的。

首先,因为经济学不是以形式作为标准的科学,而是经验科学。经济学研究的实践价值不在于数量分析法形式及其运用的多少或深浅,而在于其揭示经济主体经济行为的真实情况、经济现象的实质及经济运动的规律,更多地体现了一种经济思想。机器学习的方法只是体现和分析经济想法的工具,经济学永远不可能成为像物理学、化学、生物学那样的硬科学,这是源于自然科学与社会科学研究对象的根本性差别。马克思、凯恩斯、米塞斯、哈耶克等许多经济学家都有过关于人类活动不同于自然活动的特殊性、复杂性的深刻论述。人的行为动机十分复杂,在不同的经济制度下,人的行为就可能天差地别;此外,环境的变化也影响、改变着人的行为。经济现象十分复杂、多变,经济活动总是发生在不同的技术水平及各种社会、政治、法律等制度背景下的,不同时期的经济活动有很大的差别,如果不考虑这些因素,随意使用各种包括机器学习在内的数量分析法,将最终得到失真的结果。

其次,是对大数据分析模式的审慎。由于大数据在收集过程中的特点是多维度、多角度、全方面的,因此难免存在大量低效甚至无效的数据,即所谓的"噪声",很难像传统抽样调查"小数据"那样缜密。如果数据清洗处理不当,难免会出现失准的情况。例如,Lazer 等就在 *Nature* 上对著名的 Google 流感趋势(GFT①)提出过质疑,他们认为 GFT 后续的预测表现远高于真实的发病率,因而存在"大数据分析陷阱"或者"大数据傲慢"(Big Data Hubris)。原因可能有两个:一是从数据产生机理上,"某流感疫情涉及的人群"和"GFT 采集的搜索信息"这个整体可能不是同一个整体;二是 GFT 汇报的预测结果有可能改变人们的在线搜索行为,从而使得预测结果自我加强,这与传言造成银行挤兑的道理是一样的,也是诸如经济学此类社会科学研究的特点。这也给经济学研究者们带来了启示,要审慎对待"大数据模式分析得出的统计学相关性可以直接取代事物之间真实的因果和联系②"的观点,谨慎对待大数据分析法及相关结论,不能过度偏重于大数据统计分析结果,将研究停留在个别案例的经验总结层面而缺乏经济理论的指导。由于实证分析具有过重的经验主义色彩,历史上,以米塞斯为代

---

① GFT 项目指 2008 年 11 月 Google 公司启动的"Google Flu Trends"项目,目标是预测美国疾控中心(CDC)报告的流感发病率。2009 年,GFT 团队在 *Nature* 发文报告,只需分析数十亿次搜索中 45 个与流感相关的关键词,GFT 就能比 CDC 提前两周预报 2007~2008 年的流感发病率。

② Lazer D, Kennedy R, King G, et al. The Parable of Google Flu: Traps in Big Data Analysis [J]. Science, 2014, 343 (6176): 1203-1205.

表的奥地利学派强调要进行因果性分析而坚决反对实证主义,这个观点在今天对于机器学习在大数据时代应用于经济学数量分析同样适用。

最后,除了计量经济学以外,机器学习方法与其他数量分析法的结合也许能够取得意想不到的效果。因为机器学习的方法适合于大数据背景下的数据处理,所以可以将机器学习的聚类或神经网络等算法作为计量模型的前期数据清洗或特征变量约简,尤其是在分析社会主体的行为特征时,能发挥较大的作用。多主体的行为规则实际上是一种具有多变量参与的因果关系,主体行为的演化实际上可以视为因果关系的不断迭代,无论是个体状态变化过程中的因果关系迭代还是多主体网络化情形下的因果关系迭代都可能形成路径依赖效应,因此多主体自身的行为规则、属性、状态的构建不仅要从现实环境中提取,还要随着数据的更新具备自适应学习的经验积累、修正过程,不断接近真实的规则,从而能够获得更加接近真实的因果迭代关系。在一个复杂的经济系统内往往会产生大量的数据,传统的经济学模型将数据处理的重点放在不同变量、因素之间的关系上,模型刻画出的行为主体具有类型化、脸谱化的特点,如通过统计方法给出一类人、一类市场、一类投资策略的特征。随着计算机技术的不断进步,数据的产生正在向着海量、高维度、关系复杂化的方向发展,传统意义上关联关系的实用性和对经济现象的解释能力不断减弱,由于变量众多,变量的完备性也无法得到保证,这说明传统的计量预测分析法产生了局限性(俞立平,2013)。作为人工智能的核心,机器学习所解决的问题正是如何模拟并刻画个体的行为习惯,在海量的数据中不断深入,获取新知识、更新错误知识,实现对微观个体多属性演化过程的高效挖掘,如机器学习可以通过互联网实现个人观点、兴趣爱好、消费习惯的深度分析(韩闻文,2014)。与传统计量经济学中通过构建基于样本回归方程的预测方法相比,机器学习明显具有更高的精度和更深的层次;机器学习可以充分考虑模型的复杂度,而无须考虑模型分布的假设,包含一系列非线性的分析法,大大提升了对微观个体行为规则挖掘的泛化能力(不仅善于预测已知数据,而且善于预测未知数据)。因此,经济系统内具有异质特点的多主体行为规则、状态转化规则、属性演化规则等均可以通过机器学习从大量现实经验样本中获取,基于精确到个人的演化规则数据获取势必会大大提升计量经济学模型描述"涌现现象"的精确性。

未来，机器学习理论研究将在认知计算、类脑计算的支撑下向更高层次、更高阶段发展，会产生性能更好、结构更优、学习更高效的机器学习模型，机器学习的自主学习能力会"更上一层楼"，跨越弱人工智能阶段。随着机器学习与人工智能、区块链、云计算、物联网等的深度融合，数字革命将成为未来的时代标志，在医疗、金融、电力、交通、教育等行业为我们提供更多的个性化服务，用智能改变人类社会。

第九章 大数据分析在交通经济研究中的应用

第一节 交通经济预测的研究背景及现有计量方法

一、交通经济预测的研究背景

公共交通是一种按计划进行管理,在既定路线上运行,通过团体旅行系统为旅客提供服务并依据每次旅行的状态向乘客收取一定费用的运输系统。作为大城市交通系统的核心系统之一,城市公交系统是城市交通网络的重要组成部分。合理高效的公交运营组织对保证居民出行质量及社会发展具有重要的意义;同时,其也是践行绿色出行和促进建设绿色城市的主要方式之一。一方面,公交是居民出行的主要交通方式,与居民出行需求息息相关。以北京公交系统为例,截至2018年12月,其基础设施方面共有线路超过850条,公交线路19000多千米,站点超过10000个;营运方面,工作日公交每天客运量达600万人次,年客运量达31.9亿人次,运营行驶里程达12亿千米;旅客方面,旅客平均出行时间达1小时,平均出行距离达11千米。另一方面,公交出行本身污染较小再加上电动公共汽车的普及,城市公交系统的污染正在逐步减弱。合理的公交运营组织不仅能够有效地与其他出行方式配合,提高乘客的出行效率与体验,而且在智慧城市与绿色城市建设中也承担着重要环节。公交系统由于客运量巨大,会产生大量的刷卡大数据,未来如何根据这些大数据进行公交营运组织升级优化,如何吸引更多的乘客乘坐公交车将会成为构建绿色城市的重要任务。

培育新的经济增长点以对海量数据进行分析与挖掘为标志起点，随着科技的进步，采用模型和算法对各行各业积累的大量数据进行计算与分析，不仅拓展了人们看待问题的角度，而且为解决问题提供了新的方案和技术支持。

作为国家的传统支柱行业，交通行业累积了大量的乘客、车辆及道路相关数据。这些数据不仅反映了国家、城市的交通情况、人们的出行方式，还可能反映潜在的交通问题。基于对这些数据的分析挖掘，能够更准确地预测交通出行量，充分理解出行乘客的行为特征与喜好，从而更好地解决相应的交通问题。与此同时，根据乘客的出行数据充分了解人们选择公交作为出行方式的条件，从而进一步优化公交的组织运营方式。对这一领域的研究主要从以下方面着手：

在数据方面，在公交运营组织这项复杂的系统工程中，大量城市累积的公交数据提供了数据支持。在技术方面，机器学习与深度学习为公交运营组织解决了关键问题。伴随着计算机计算能力的提高，机器学习与深度学习的相关算法越来越多地被广泛运用于各行各业，其为处理刷卡数据、分析挖掘其中携带的信息提供了理论与技术支持。根据公交线路的设计原则，并通过深度学习快速挖掘、提取公交刷卡数据的相关信息，就可以对公交线路进行运营组织优化，进而提高公交系统对各种情况的反应和处理能力。在乘客方面，利用大数据与机器学习算法对乘客的出行数据进行分析，可以得到人们出行的习惯，由此可以衡量不同公共交通方式对乘客出行行为产生的影响，进而确定人们对于不同公共交通方式的偏好。更进一步地，利用大数据和机器学习算法其至可以通过对交通数据的变化分析推断人们生活状态的变化。在城市方面，城市公交系统是城市健康发展的保障，在运输乘客的同时，不同区域之间的信息也在城市公交系统之间传递。城市公交系统是区域经济发展与促进信息流动的基础。大量乘客的刷卡数据反映了城市不同功能区之间的信息连接，对这些数据进行分析与挖掘对优化公交运营组织、保证居民的出行质量与满足社会发展需求至关重要。

二、交通经济预测的现有计量方法

（一）交通客流量预测

学者们在交通客流量预测方面的研究主要集中在以下三个方面：基于时间序

列、基于支持向量机与基于神经网络的交通客流量预测。

1. 基于时间序列的交通客流量预测

时间序列可以用来预测换乘站点的乘客数量，研究者们多是采用各种数量方法、改进算法等与时间序列结合对各大城市的交通客流量进行预测。例如，使用平均客流量来平滑调整时间序列；使用小波函数和时间序列进行短时大客流量的相关分析；结合集成经验模态分解（EEMD）和时间序列进行短期的需求预测；使用季节性自回归综合移动平均（SARIMA）方法对时间序列进行处理；运用灰色模型确定公交客流量的时间响应序列；将时间序列模型、改进的灰色模型和神经网络模型进行组合；运用多维时间序列分析和状态空间模型；使用神经网络与时间序列进行结合的预测模型；使用小波分解将时间序列分为不同阶段，以统计低频和高频信息。

由以上梳理可以看出，时间序列模型的局限性在于只能预测和分析不同时间的单一目标，如一条地铁线路在不同时期的客流量、单一公交车站不同时期的客流量、单一铁路线路不同时期的客流量，当目标单一、数据维数较少的情况下，时间序列模型能够取得较好的效果。通常交通网络由大量节点组成，虽然时间序列的局部预测非常准确，但当对象转换为整个交通网络时，必须针对不同的目标采用不同的模型，这时的时间序列便不再适合大规模交通数据的预测和分析。此外，时间序列只有两个维度，即实际值和时间，这保证了时间序列数据的易得性和模型的准确性。然而，时间序列在时间维度上会受多种实际值的影响，因此对数据的可控性有限，模型的多场景扩展性和适用性较差。

2. 基于支持向量机的交通客流量预测

与时间序列相比，支持向量机模型能够考虑更多对客流量产生影响的因素，因此可以适用于不同的场景，适合多目标和高维度的研究任务。例如，学者们基于径向基函数的最小二乘支持向量机模型、小波支持向量机混合模型、方向梯度直方图（HOG）和支持向量机来预测和分析轨道交通的客流量。在多场景下，学者们基于多项式核函数与径向基核函数线性组合，构建混合核函数的SVM模型；基于小波核偏最小二乘模型对城市轨道交通客流量进行预测，并利用混沌粒子群优化方法寻找SVM模型的最优参数；基于相空间重构模型和支持向量机模型预测客流量。其他学者也利用支持向量机模型对不同交通客流进行了相关预测，验证了支持向量机的优良性能。例如，用模糊聚类方法获取潜在的支持向量并去除非边界孤立的点数据，该方法极大地减小了训练样本集的规模，提高了支持向量机的泛化性能，有效地避免了过度学习，并应用于公交客流量的统计实验中。

在公交运营组织中，客流量较大的公交站点对公交运营计划的影响较大。支持向量机模型允许存在远离分割平面的点（非边界孤立点数据），因此当使用支持向量机模型预测整条线路的客流量时，支持向量机模型对于客流量规模较小的车站表现良好，但对于客流量较大的一些车站，模型的误差很大。因此，在选择支持向量机模型时，应更多地关注线路客流量的分布情况。

3. 基于神经网络的交通客流量预测

神经网络可以对海量数据进行处理，将有效的数据挖掘技术应用于客流量分析中，通过赋予交通站点一定权重来预测客流量，可用多层神经网络模型来预测综合交通系统的客流量；还有学者基于径向基（RBF）神经网络的短期客流量预测方法；有的学者利用多尺度混合反馈小波神经网络模型来预测短期客流量；另外，一些学者集成粒子群优化算法和神经网络模型，得到神经网络比支持向量机有更好的预测效果的结论。充分发挥各种模型的优点，结合以上三种方法的混合模型成为近年来的趋势。

（二）公共交通通行时间预测

在车辆通行时间预测方面，支持向量机模型和神经网络模型是首选，因为与车辆到达时间预测相比，车辆通行时间预测需要考虑出发时间、出发位置和目的地，单一的时间序列模型无法满足这一需求。

车辆到达时间预测和车辆通行时间预测是机器学习在交通时间预测的重要应用方面。车辆到达时间预测主要是收集各路线车站的车辆到达信息，然后利用时间序列结合卡尔曼滤波、支持向量机等机器学习方法对到达时间进行处理。例如，有学者利用卡尔曼滤波技术对真实世界的输入数据进行处理，使其能够克服现有模型的数据处理局限性，从社交 App 获得的信息中预测到达时间，并通过城市交通仿真软件模拟车辆到达时间；有学者基于向量机训练的公共交通到达时间进行多指标预测，利用 GPS 覆盖率、释放率和准确率三个新指标对预测服务进行评价，然后利用支持向量机对模型进行训练。此外，基于神经网络的公交到达时间预测模型、基于支持向量机建立静态和动态数据相结合的公交预测模型、基于K均值和支持向量机的公交到达时间预测算法、基于卷积神经网络（Convolutional Neural Network，CNN）、基于Takagi-Sugeno-Kang模糊神经网络的高速公路行驶时间在线预测方法等都是学者们常用的预测车辆到达时间和通行时间的方法。其他学者也对该问题进行了相关研究，得到了令人信服的结果，促进了公交站点实时预测技术的发展。

（三）乘客出行行为分析

机器学习相关算法也可对非聚集出行行为进行分析，从而挖掘出乘客的出行特征和偏好，对乘客出行行为进行画像。

例如，基于密度和噪声的聚类算法（DBSCAN）可挖掘乘客出行规律并进行划分；应用DBSCAN算法，探索定制公交线路的潜在客流量情况；应用自适应距离的DBSCAN算法挖掘定制公交线路的潜在客流量需求；基于出行拓扑图的数据融合方法，从轨迹图中提取乘客的封闭出行链，分析其活动特征；从个体经济特征和城市建设环境两个因素出发，基于决策树模型，综合分析通勤距离、出行天数和访问地点选择的影响。对乘客出行行为的精确刻画有利于了解当地的交通习惯，对交通站点和车次安排进行优化。

第二节 交通经济预测的算法及模型

交通流量预测的算法主要包括关联特征与事件特征两种方法。目前关联特征提取算法的典型代表是基于MapReduce架构的并行Apriori算法。事件特征提取主要涉及粗糙集、模糊集和机器学习方法之间的结合方式和常用模型。当前深度学习在交通流量中的应用已成为热门研究方向，如何有效结合利用这些经典深度模型是进行算法优化的关键。

一、基于关联特征提取的方法

关联特征提取的核心即关联规则的挖掘，正式定义最初由Agrawal等提出。设$I = \{I_1, I_2, \cdots, I_m\}$是项的集合，T是包含一组项的事务，并且$T \subseteq I$，D是

具有不同事务 T_s 的数据库。一个关联规则是以 $X \Rightarrow Y$ 形式的蕴含式来表示，其中 $X, Y \subseteq I$ 是一组项的集合，称为项集，并且有 $X \cap Y = \emptyset$。X 称为该规则的先导，Y 称为规则的后继。关联规则意味着 X 可得出 Y。

关联规则的两个重要基本指标是支持度（Sup）和置信度（Conf）。通常用户只关心感兴趣的规则，但由于数据库很大，用户可以预先定义支持度和置信度的阈值，以删除不太有用或不关心的规则，这两个阈值称为最小支持度和最小置信度。支持度（Sup）定义为包含 $X \cup Y$ 的记录数与数据库中总记录数的比例，表示如下：

$$\text{Sup}(XY) = \text{frq}(XY) / |D| \tag{9-1}$$

置信度（Conf）定义为包含 $X \cup Y$ 的事务数与包含 X 的总记录数的比例，如果得到的比率优于置信度阈值，则可以生成关联规则 $X \Rightarrow Y$，表示如下：

$$\text{Conf}(X \Rightarrow Y) = \text{frq}(XY) / \text{frq}(X) \tag{9-2}$$

置信度代表了关联规则的强度，如果关联规则 $X \Rightarrow Y$ 的置信度为 80%，则可以推断 80% 的 X 事物同时也包含 Y。指定的最小置信度规则由用户预先定义，关联规则挖掘就是发现满足预定义的最小支持度和置信度的关联规则。该挖掘问题又可细分为两个子问题：第一个是找到存在超过预定阈值的项集，通常称为频繁项集；第二个是从频繁项集中生成关联规则，具有最小置信度的限制。对于一个选定项集 $L_k = \{I_1, I_2, \cdots, I_{k-1}, I_k\}$，在生成关联规则时，首先检查规则 $\{I_1, I_2, \cdots, I_{k-1}\} \Rightarrow \{I_k\}$ 的置信度，检查是否满足要求；其次通过删除该集合中最后的项，在新的项集中创建规则并检查新规则的置信度以确定是否满足要求；最后迭代计算过程直到选定的项集为空。因此，第一个子问题包含了两个步骤，即产生候选项集和计数获得频繁项集。通常来说，一个有效的挖掘模型应该具有快速、准确获取高支持度和置信度的关联规则的能力。

（一）Apriori 算法

Apriori 算法用于频繁项集挖掘和关联规则学习，采用水平搜索，其中 K 项集用于生成（K+1）项集。在该算法中，频繁子集一次扩展一个项目，该步骤称为候选生成过程，然后通过数据集测试候选集。为了有效地计算候选项集，Apriori 算法使用广度优先搜索方法和哈希树结构。Apriori 算法可以用来确定关联规则的频繁项集，可以代表数据集的总体趋势。只要单个项在数据集中频繁出现，那么该算法就能识别，并将它们扩展为更大的项集。

（二）基于 MapReduce 的 Apriori 算法

要在 MapReduce 框架上实现 Apriori 算法，主要任务是为算法设计两个独立的 Map 和 Reduce 函数，并以<key，value>键值对的形式转换数据集。在 MapReduce 编程中，不同机器上的所有 Mapper 和 Reducer 以并行方式执行，但最终结果仅在 Reducer 完成后获得。如果算法是递归的，则必须执行多个 Map-Reduce 阶段以获得最终结果。

1. 迁移传统 Apriori 算法

Apriori 算法是一个迭代过程，它的两个主要组成部分由候选项集和频繁项集生成。在每次数据库扫描中，Mapper 生成本地候选项集，Reducer 汇总本地计数和输出频繁项目集。Apriori 算法的并行分布式计数非常适合 Hadoop，而要实现数据分配算法，必须控制由 Hadoop 自动分配的数据分布方式。

2. MapReduce 上不同的 Apriori 算法实现方法

自 Google 推出 MapReduce 以来，研究人员已经提出了各种 Apriori 算法在 MapReduce 框架上的实现。这些算法可以分为两类，即 1 阶段 Map-Reduce 和 K 阶段 Map-Reduce。还有一些算法使用了 Mapper、Reducer 和 Combiner 三个函数，而有些算法只使用了 Mapper 和 Reducer 函数。基于 1 阶段的算法仅需要 Map-Reduce 的单次迭代来查找所有频繁项集，而基于 K 阶段的算法需要 Map-Reduce 的多次迭代。

MapReduce 是一种高效、灵活且简单的模型，用于解决大型计算问题。但每种技术都有其优点和局限性，这取决于使用方式。该模型的优势体现在：能够方便且自动地实现计算并行化、数据分发、工作负载平衡和容错；本地化策略减少了网络带宽消耗；结合了分布式存储和计算能力，可扩展性极佳。模型的局限性主要是：所有操作均基于<key，value>键值对的数据结构，需要做额外的转换；阻断机制导致在每个阶段的所有 Reducer 全部完成以前，无法转换到下一阶段；数据分发自动控制，无法定制干预等。

二、基于模糊集、粗糙集与机器学习的方法

（一）模糊集与粗糙集

软计算是一种协同工作的方法联合，以某一种形式提供灵活的信息处理能

力，以处理现实生活中的模糊情境。其目的是利用对不精确性、不确定性、近似推理和部分真理的容忍度来实现易处理性、稳健性和低成本的解决方案。指导原则是设计计算方法，通过寻求对不精确/精确问题的近似解决方案，以低成本获得可接受的解决方案。

软计算方法涉及模糊集、神经网络、遗传算法、粗糙集等理论方法，在整个KDD过程中被广泛应用。模糊集为处理不确定性的过程提供了自然框架，神经网络和粗糙集广泛用于分类和规则生成，而遗传算法涉及如查询优化和模板选择等各种优化和搜索过程，其他方法被广泛用于解决数据挖掘问题，如基于案例的推理和决策树。

机器学习应用需要从数据中提取知识，而来源于实际应用程序的数据集本身往往容易包含模糊和不完整的信息。模糊性的例子可以在主观概念的评价中找到，如美丽、温暖、聪明、相似等。当描述数据样本的可用特征集不足以区分它们时即为遭遇了不完整信息。另一个例子是具有相同交通环境特征但导致了不同交通事件的现象。这意味着不能根据现有观测到的环境特征来明确预测交通事件。

这两种不同的不确定性来源分别被纳入模糊集理论和粗糙集理论。前一个模型使用成员隶属度结构表示元素属于某个概念的程度，而不是直接给出某个集合中的元素是否具有明确的成员资格。后一个模型基于概念无法精确建模的前提来处理不完整信息，通过使用两组近似（下近似和上近似）来形成关于概念的粗糙集合。

（二）模糊粗糙集模型

粗糙集与模糊集两种方法各有优势和劣势，如何将两者有效结合，取其优势互补，同时改进和克服各自的缺点，是当前的热点研究方向。两种理论的联合存在不少待解决的问题，如它们互为何种关系，或者以何种方式进行融合。一些研究人员将粗糙集视作泛化的模糊集，另一些则不这么认为，甚至持相反观点。两种理论有两种不同的结合方式，粗糙模糊集即为将粗糙集的概念和特性融入模糊集；而模糊粗糙集则以模糊集的角度研究刻画粗糙集。

（三）模糊粗糙集与机器学习

有监督的学习意味着在算法的训练阶段可以使用一组带标签的元素，实例由许多输入属性及关联的结果来描述。监督学习算法的构成基于可用的标记实例集及基于输入特征值来预测新实例结果的模型。如果输出结果是类别,则学习任务称为分类;当输出结果是连续变量时,则对应于回归任务。通常在可用数据集应用于学习之前需要对其进行预处理,以便缩短学习时间或提高预测能力。模糊粗糙集已用于特征选择、分类、回归和神经网络的相关方法中。

1. 基于模糊粗糙集的特征选择方法

特征选择或属性选择通过用其子集替换特征集来减少问题的维度。由于使用的是子集而不是特征的变换,因此保留了这些特征的原始解释和语义,将模糊粗糙集理论集成到特征选择技术中一直是人们关注的焦点。

当减少属性集时,算法旨在充分保持系统的原始判别力。在粗糙集理论中,可辨识矩阵为每对实例确定可以辨别它们的属性,即对这两个实例采用不同值的属性。这就为每对实例提供了一个属性列表。只要属性系统包含来自这些列表中的至少一个属性,它就能够辨别与原始集合完全相同的实例数量。选择属性的另一个目的是消除冗余。为此,其目标是获得一个属性集,在不降低识别能力的情况下,任何属性都不能从中删除。具有与完整系统相同的辨别能力的这种最小属性集称为还原。当集合不一定是最小的时候,它被称为超级域。

寻求减少决策的首要问题是,是否需要全部或仅需要一次减少。如上文所述,在粗糙集理论中,可以定义表示对象之间的可辨识矩阵。基于该矩阵,构造了可辨别函数 f。此函数以连接法线形式定义,采用从矩阵元素构造的所有析取的连接,矩阵元素是属性列表。因此,给出了以下函数:

$$f = \wedge \{ \vee a \mid a \in c_{ij} \} \tag{9-3}$$

其中,c_{ij} 是第 i 行和第 j 列的矩阵条目。已经证明当且仅当其元素对应于析取范式(DNF)中的 f 的析取时,特征子集才是决策约简。尽管这种方法确实确定了所有的减少量,但由于 CNF 中的函数向 DNF 的转换是 NP 难问题,因此计算上非常困难。当需要对应一个特征子集的单个约简时,更可取的是使用快速算法。为此,启发式方法用于近似解决方案,它们提供了一个接近最优的集合。一个流行的例子是 QuickReduct 算法,一种增量爬山算法,通过每次迭代中的一个特征增加特征子集,初始化为空集,直到找不到进一步的改进为止。

2. 基于模糊粗糙集的分类方法

在分类数据集中,每个实例都与单个类相关联,由类标签表示。这是一个从有限和离散的可能性集合中提取的值,对应于类。分类算法或分类器基于可用的标记训练实例来建立分类模型。通过使用构造的模型处理它们,为新呈现的实例分配类标签。由于它可以适当地处理训练集中模糊和不完整信息的组合存在,模糊粗糙集理论已被纳入几个分类器中,如规则归纳、近邻分类、决策树、支持向量机等。

3. 基于模糊粗糙集的回归方法

回归方法基于实例的特征值估计实值结果,用相对较少的注意力集中在将模糊粗糙集理论集成到回归方法中。Jensen 等针对 FRNN 和 VQNN 分类方法,提出了用于回归问题的替代方案。稍微修改算法,使用这些邻居的较低和较高的近似隶属度来聚合目标实例的 K 个最近邻居的结果,以确定它们在聚合中的权重。

An 等开发了一种使用模糊粗糙集理论的回归模型。他们的方法涉及基于结果将数据转换为 K 个模糊集的模糊划分的初始步骤。为了估计测试实例的结果,确定其对 K 个模糊集中的每一个的较低近似隶属度。对于模糊集 F 到该隶属度最大的较低近似值,结果预测是基于实例的隶属度对 F 的下近似值和上近似值进行的。

4. 模糊粗糙神经网络

目前已有很多在进行神经网络架构设计时运用模糊粗糙集理论的例子,Zhao 等建立了四层前馈模糊粗糙神经网络,四个层次对应于单独的输入、聚类、隶属度和输出阶段。所有层次都完全连接。输入层包含与数据集中的要素一样多的节点。对于每个实例,第 j 个特征的值作为输入馈送到第 j 个输入节点。第一个隐藏层计算实例对多个模糊聚类的隶属度,其中每个模糊聚类用该隐藏层中的一个节点表示。用聚类表示的模糊等价类的隶属度被聚合在第二隐藏层中以计算模糊粗糙隶属函数的值。该层包含许多节点,这些节点等于数据集中的类别数。输出层计算实例对应数据集中每个类别的成员资格度,输出节点数量等于类别数量。将实例分配给与具有最高值的输出节点对应的类别。如果要执行特征选择,则使用向后搜索。在第一阶段,使用所有特征训练网络,并估计相应的预测误差。之后,在每次迭代中,丢弃具有最小变化的特征,并在没有该特征的情况下重新训练网络。如果结果错误与上一步相比大幅增加,则再次包含该特征;如果不是则永久删除该特征,持续迭代该过程,直到不再删除任何特征为止。

Ganivada 和 Sankar(2011)提出了一种使用反向传播(Backprop)来训练连接权重的模糊粗糙三层全连通感知器。输入以粒度形式馈送到网络,即为每个属性定义三个模糊颗粒(低、中和高),并确定每个模糊集的所有实例的隶属度。这些成员资格等级被用作网络的输入。输入节点的数量设置为等于模糊颗粒的数量,因此等于属性集的基数的 3 倍。对于数据集中的每个 c 类,可以确定每个属性相对于该决策属性的该特定值的模糊粗略依赖度。这些值用作输入节点和隐藏节点的连接权重,其中隐藏节点的数量为 c。此外,隐藏和输出层之间的连接权重(均包含 c 个节点)通过平均特征依赖度来确定。每个输出节点对应于确定隶属度的类。

三、基于深度学习的预测模型

自 2006 年机器学习领域的泰斗 Hinton 和其学生 Salakhutdinov 在 Nature 提出深度学习模型以来,深度学习一直是机器学习领域的热门话题①,实现了浅层学习向深度学习的跨越。在过去的十年中,各种深度学习模型得到了发展。最典型的深度学习模型包括堆叠式自动编码器(Stacked Autoencoder,SAE)、深度置信网络(Deep Belief Network,DBN)、卷积神经网络(Convolutional Neural network,CNN)和递归神经网络(Recursive Neural Network,RNN),这些也是应用最广泛的模型。大多数其他的深度学习模型都是这四种深度架构的变体。

(一)堆叠式自动编码器

自动编码器(AE)是一个简单的神经网络,有一个隐藏层和一个输出层,输出神经元的数量等于输入的数量,输出层的权重矩阵是隐藏层的权重矩阵的转置。AE 具有两个阶段,即编码阶段和解码阶段。在编码阶段,通过编码函数 f 将输入 x 转换为隐藏层即 $h=f[W^{(1)}x+b^{(1)}]$;然后在解码阶段将隐藏表示 h 重构回 y 表示的原始输入即 $y=g[W^{(2)}+b^{(2)}]$。

---

① Hinton G E, Salakhutdinov R R. Reducing the Dimensionality of Data with Neural Networks [J]. Science, 2006, 313 (5786): 504-507.

一般来说，AE 的编码和解码过程属于非线性映射，其中使用最多的非线性激活函数是：Sigmoid 函数 f（x）= 1/（1+e⁻ˣ）、tanh 函数 f（x）=（eˣ-e⁻ˣ）/（eˣ+e⁻ˣ），Softsign 函数 f（x）= x/（1+|x|）和 ReLu（线性整流单位）函数 f（x）= max（0，x）。

对于 m 个训练样本，AE 参数集 θ = {W⁽¹⁾，b⁽¹⁾；W⁽²⁾，b⁽²⁾} 通过最小化损失函数 J_θ 来训练：

$$J_\theta = \frac{1}{m} \sum_{i=1}^{m} [y^{(i)} - x^{(i)}]^2 \tag{9-4}$$

其中，$x^{(i)}$ 表示第 i 个训练样本。显然，基本自动编码器的参数是在无监督策略下训练的。从输入数据 x 中提取的特征即为隐藏层 h，当 h 小于 x 时，AE 可作为一种数据压缩方法。

一些研究将常规 AE 进行了改进，如 wight-decay 的正则化通常被集成到损失函数中以防止过度拟合问题：

$$J_\theta = \frac{1}{m} \sum_{i=1}^{m} [y^{(i)} - x^{(i)}]^2 + \lambda \sum_{j=1}^{2} \|W^{(j)}\| \tag{9-5}$$

其中，λ 为控制衰减强度的 hiper 参数。

通过堆叠多个 AE 可组合成一个深度学习模型来学习数据集的深层特征和复杂表示，即 SAE，见图 9-1。

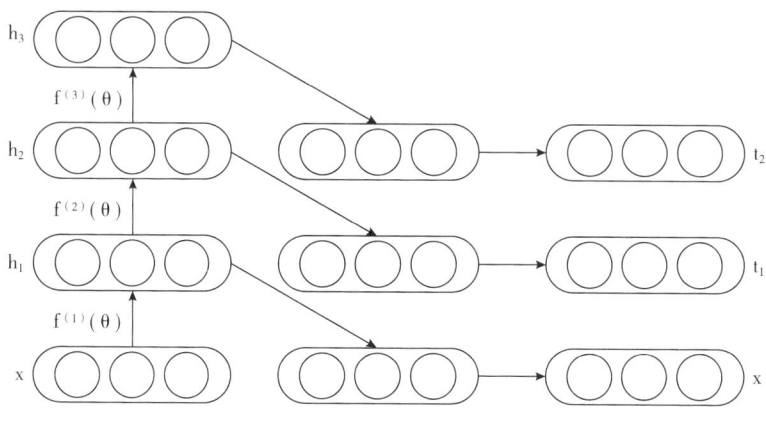

图 9-1 用于预训练的堆叠自动编码器

其中,x为输入层,h_i为第i个隐藏层。SAE通常采取两个阶段的训练,即预训练和微调。在预训练阶段,每个AE以无监督的方式自下而上分层训练,AE将$h_0=x$作为输入,并训练第一个隐藏层的参数,输出为y_0;然后输入h_1,训练第二个隐藏层的参数,重复该操作直到已经训练了所有的隐藏层参数为止。预训练后,将参数设置为初始SAE参数,并进入微调阶段。在微调阶段,使用标记的样本进行监督学习,并对参数进行自顶向下的微调。分为两个阶段的训练策略有效解决了陷入局部最优解的问题,为深层神经网络架构提供了更好的收敛性。

(二)深度置信网络

与SAE不同,深度信念网络(DBN)由一系列相互堆叠的RBMs组成。RBM是一种特殊类型的马尔可夫随机场(Markov Random Field,MRF),它是一种无向图模型,其中可见元素V通过无向加权连接到随机隐藏元素h,在可见层或隐藏层单元内没有连接,见图9-2。

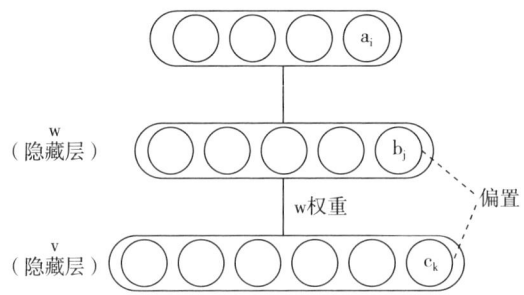

图9-2 RBM结构

RBM是一种基于能量的概率分布模型,基于能量的模型将标量能量与所关注变量的每个配置相关联。学习过程相当于修改能量函数,使其形状具有理想的性质。基于能量的概率模型通过能量函数定义概率分布,如下定义:

$$E(v, h; \theta) = -\sum_{i=1}^{I}\sum_{j=1}^{J} w_{ij}v_ih_j - \sum_{i=1}^{I} b_iv_i - \sum_{j=1}^{J} a_jh_j \tag{9-6}$$

其中,I是可见单元的数量,J是隐藏单元的数量,$\theta = \{W, b, a\}$是RBM的参数集。RBM的状态对于给定v和h的联合分布概率定义为:

$$p(v, h; \theta) = \frac{\exp[-E(v, h; \theta)]}{Z} \tag{9-7}$$

其中，$Z = \sum_v | \sum_h \exp[-E(v, h; \theta)]$ 为归一化因子。

RBM 中各个单元的抽样概率为：

$$p(h_j = 1 | v; \theta) = f\left(\sum_{i=1}^{I} w_{ij} v_i + a_j\right) \tag{9-8}$$

$$p(h_j = 1 | v; \theta) = f\left(\sum_{i=1}^{I} w_{ij} v_i + a_j\right) \tag{9-9}$$

其中，f 是典型的 Sigmoid 函数。一个重要的变体是具有高斯-伯努利分布的受限玻尔兹曼机，其能量函数计算如下：

$$E(v, h; \theta) = -\sum_{i=1}^{I}\sum_{j=1}^{J} w_{ij} v_i h_j + \frac{1}{2}\sum_{i=1}^{I}(v_i - b_i) - \sum_{j=1}^{J} a_j h_j \tag{9-10}$$

通过以下方式计算每个可见单位的相应条件概率：

$$p(v_j = 1 | h; \theta) = N\left(\sum_{j=1}^{J} w_{ij} h_j + b_i, 1\right) \tag{9-11}$$

其中，v_i 表示满足高斯分布的实数值，平均值为 $\sum_{j=1}^{J} w_{ij} h_j$，方差为 1。具有高斯-伯努利分布的受限玻尔兹曼机可以将实际随机变量转换为二元变量。

几个受约束的玻尔兹曼机可以被堆叠到深度学习模型中，称为深度置信网络，见图 9-3。

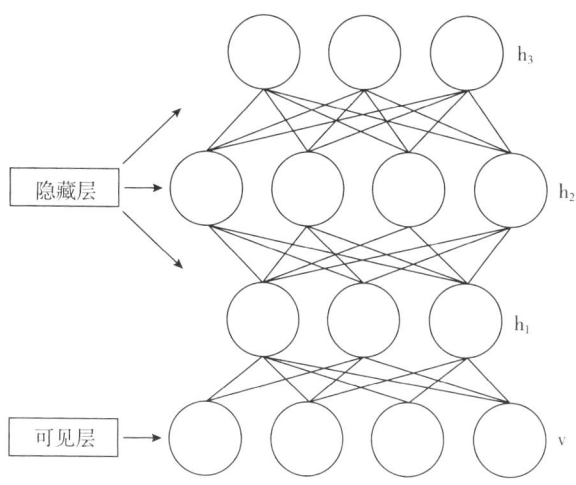

图 9-3 深度置信网络

深度置信网络也通过两阶段策略进行训练，这一点与堆叠式自动编码器类似。预训练阶段用于以贪婪的无监督方式对初始参数进行训练，而微调阶段则使用有监督策略，在顶层添加一个Softmax层，对标记样本的参数进行微调。

（三）卷积神经网络

卷积神经网络作为一种深度学习模型，被广泛使用于大规模图像分类和重新认知的特征学习中。卷积神经网络由卷积层、子采样层（汇集层）和完全连接层三层组成，见图9-4。

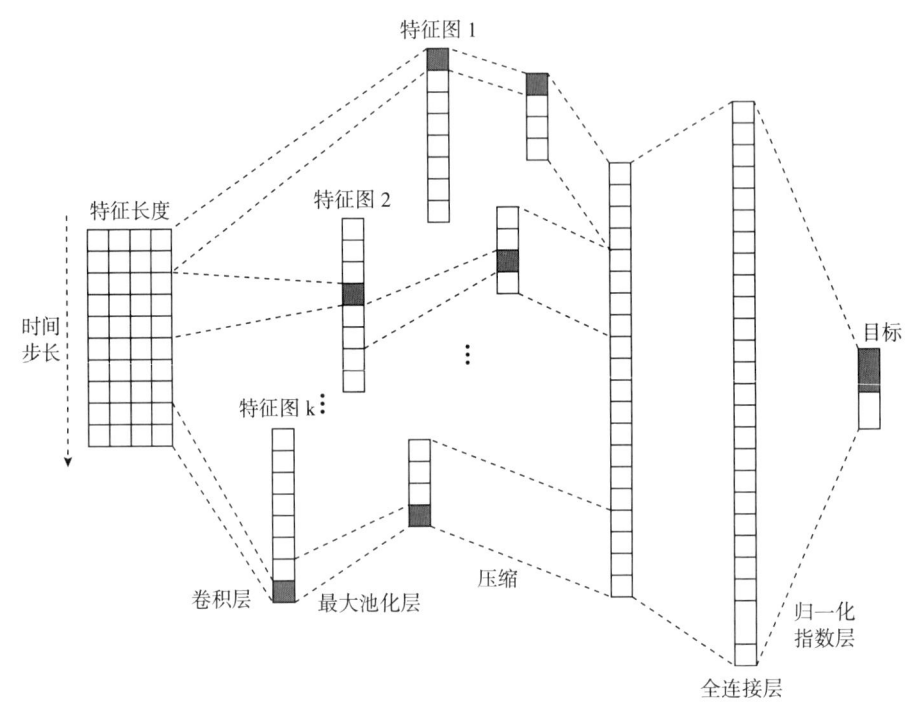

图 9-4　卷积神经网络

卷积层通过卷积运算实现权值共享，通过子采样实现降维。以二维图像 x 为，将图像分解为顺序输入 x = {x_1, x_2, …, x_N}。为了分担权重，卷积层定义为：

$$y_j = f(\sum_i K_{ij} \otimes x_i + b_j) \tag{9-12}$$

其中，y_j 表示卷积层的第 j 个输出，k_{ij} 表示带有第 i 个输入映射 x_i 的卷积核,⊗表示离散卷积算子,b_j 表示偏差。另外,f 表示非线性激活,通常是缩放的双曲正切函数。

子采样层旨在减小特征图的尺寸,它通常可以通过平均池操作或最大池操作来实现。然后,通常将几个 Fully-Connected 层和 Softmax 层放在顶层上以进行分类和识别。

深度卷积神经网络通常包括若干个卷积层和子采样层,用于大规模数据上的特征学习。

(四) 递归神经网络

递归神经网络(RNN)是在结构化输入上递归地应用同一组权值,通过拓扑顺序遍历给定的结构,在可变大小输入结构上生成结构化预测或标量预测的一种深层神经网络。时间 RNN 可以描述基于时间的动态行为。与接受特定结构输入的前馈神经网络不同,RNN 可以在自己的网络结构中循环状态信息,因此它可以接受连续的时间序列结构作为输入。

RNN 包括输入单元 $\{x_0, x_1, \cdots, x_t, x_{t+1}, \cdots\}$、输出单元 $\{y_0, y_1, \cdots, y_t, y_{t+1}, \cdots\}$ 和隐藏特征 $\{s_0, s_1, \cdots, s_t, s_{t+1}, \cdots\}$。如图 9-5 所示,在时间步骤 t,RNN 利用当前样本 x_t 和先前隐藏特征 s_{t-1} 来提取当前隐藏特征 s_t:$s_t = f(x_t, s_{t-1})$。其中,f 表示编码器功能。

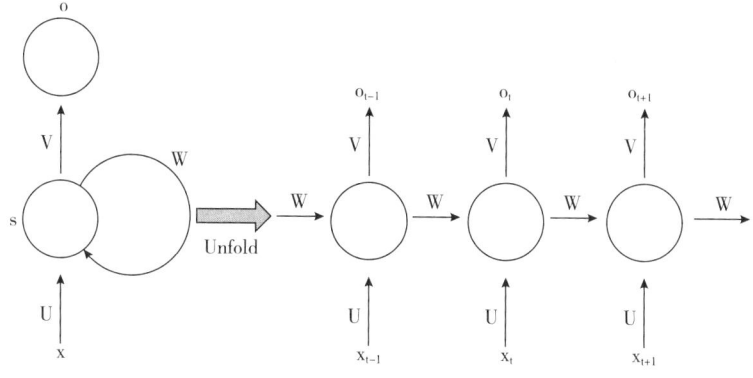

图 9-5 递归神经网络

第三节 基于复杂网络的交通经济实证研究
——以北京市公交网络为例

一、城市公交线网结构调整设计

结合线路、站点及网络条件设立约束,在限制条件下通过调整效率较低的站点并改进效率较高的站点区域提升整体网络效率。

由于网络中节点删除过多或删除重要节点往往会带来大范围的联动影响,会导致实际线网规划的可操作性大幅降低,所以为避免这一情况,本书从站点实际属性出发,先进行站点筛选,设置以下站点筛选约束条件:

$$ND_{del} \subset \lambda RP_{del} \tag{9-13}$$

$$ND_{add} \subset \beta RP_{add} \tag{9-14}$$

各变量意义如下:

ND_{del}:计划删除站点的集合。

RP_{del}:可删除站点的集合。

λ:站点删除数量调控参数。

ND_{add}:计划增加站点的集合。

RP_{add}:可增加站点的集合。

β:站点增加数量调控参数。

式(9-13)、式(9-14)分别为站点删除和站点增加最终决策的数量约束。最终决定调整站点的数量应考虑运营成本、地理位置等现实因素,避免因过度调整站点数量而影响市民的日常生活,故在增删站点的总数上应有所限制,可通过调节λ、β参数来实现。

由于以轨道为基础的地铁站点和路线调整成本与影响较大,不适合批量调整优化,故本书以公交站点为调整对象,将所有公交站点均可视为可调节站点,对网络整体结构进行调整,并使用改进后的网络效率来计算网络的变化情况。在不影响整体网络基本结构的前提下,结合实际中北京市公交网络的调整范围,为充分反映调整后的效率变化,本书取 λ 为 0.05,β 为 0.05。

二、城市公交线网结构调节机制

考虑站点规划的实际可操作性,本书基于既有的网络结构现状,利用乘客的出行数据计算各站点的客流量与网络间连边效率。通过站点删除、增加的方法,对公共交通网络结构进行调整,以此来达到提升整体网络效率的目的。

(一) 站点的删除规则

通过观测实际交通数据可以发现,即使是同一线路的车站客流量也存在分布不均的情况,通过站点的客流量数据可以看出,部分站点在只间隔一个车站时,在中间站上下车的乘客较少,而在这两个车站上车的大部分乘客不会在中间站点下车。可见,如果在中间站点的客流量较少的情况下,在此停车会增加大部分乘客的出行时间;若删除此站点,虽然会使少量乘客流失,但可以显著减少乘车时间,降低运营成本。删除站点的步骤如下:

(1) 计算初始网络的网络效率。

(2) 计算每个站点连边权重合计。

(3) 选取权重之和最小的站点,加入待删除站点集合。

(4) 将待删除站点与相邻站点的连边删除,并将删除的连边效率累加到相邻连边的权重中。

(5) 判断待删除站点集合是否满足数量约束条件。

(6) 由剩余站点构成新的网络。

(二) 站点的新增规则

观测实际交通数据可发现,公交线网中部分相邻站点的客流量较大,高峰时期路段运送乘客量远大于其他站点。这说明这些站点客流量吸引力较大,公交满载率较高,已有站点数量较难满足乘客的乘车需求。因此,应在热门站点之间增加站点,以分担站点的客流量压力,提高公交服务水平和网络效率。新增站点的步骤如下:

(1) 基于站点删除后的网络,选取站点间效率最大的站点对。

(2) 在站点对间增加一个站点,并加入待增加站点集合。

（3）计算站点对上下游效率均值，与拆分后的原始连边权重合计作为与新增加站点的连边权重。

（4）判断待增加站点集合是否满足数量约束条件。

（5）以改进后的网络效率为基础，重新计算增加站点后的网络效率。

三、北京市公共交通网络拓扑特性分析

分别利用 L 网络模型与 C 网络模型构建公交网络与公交—地铁复合网络，对其平均路径长度、聚类系数、度、介数等静态特征（见表 9-1）进行统计，整体把握北京市公共交通线网整体拓扑特征。

表 9-1 北京市公交网络与复合网络特征统计

网络类型	数目（条）	站点数目（个）	L 网络模型				C 网络模型			
			路径长度	聚类系数	度	介数	路径长度	聚类系数	度	介数
复合网络	741	6196	20.12	0.234	3.25	0.019	2.43	0.536	38.07	0.0025
公交网络	721	5897	22.16	0.139	2.91	0.013	2.75	0.524	32.56	0.0013

从复合站点网络来看，北京市有公共交通线路 741 条和站点数 6196 个，公交系统在其中占据了绝大部分的数量。在展现系统间站点连通性的 L 网络模型中，可以看出乘客平均一次出行需经过 20.12 个站点，并且可以一站到达的站点有 3.25 个。相对地，从公交网络中可以看出乘客平均一次出行需经过 22.16 个站点，并且可以一站到达的站点有 2.91 个，这表明地铁系统的加入明显缩短了出行乘车的站点路径。复合网络的聚类系数为 0.234，大于公交网络的 0.139，复合网络站点之间有更强的关联性，但在衡量站点重要程度的介数上，两者基本一致。

在表现系统线路换乘特性的 C 网络模型中，复合线路网络中的乘客平均一次出行需换乘 2.43 次，一条线路平均与 38.07 条可同站换乘的线路相连接。公交网络中乘客平均一次出行需换乘 2.75 次，一条线路平均与 32.56 条线路相连接，与其他线路的连通性低于复合网络。在体现线路之间的竞争关系的聚类系数上，公交系统的平均聚类系数为 0.524，与复合网络基本一致。从复合网络介数大于公交网络介数上可以看出，地铁的加入在一定程度上提高了线路在客流转换中的调控能力及中心路线的重要性。

由表 9-1 中可以看出，北京市的公交线路及车站基本可以满足居民的日常出行需求。但通过网络结构的对比结果显示出北京市公交线网的各个拓扑特性依然有待优化的空间。北京市地铁虽然线路和站点数量较少，但地铁的加入显著减少了居民出行经过的站点数量和换乘次数，使得乘客的公共交通体验大幅优化。

四、线网结构调节模型应用仿真模拟

为方便计算，本书以 2017 年 3 月的刷卡数据及北京中心城区二环以内的公共交通站点路线为基础，针对北京市拥堵情况严重的早高峰时段（7：00-10：00）进行仿真实验。上述区域包括 784 个站点，在 i 与 j 之间正反向连边权重加和的条件下，共需要计算 1418 对站点之间的效率。

IC 刷卡数据可对每一位刷卡居民的公共交通出行进行追踪。通过对数据的整理统计，可以获取各个公交站点在所研究时段的上下车客流量，其分布见图 9-6。在此基础上，可以计算出交通网络中各站点间的连边权重，并运用改进后的网络效率公式对北京市公共交通网络进行计算，得到现有网络的整体效率为 3.07 人/（路段·分）。北京市中心城区早高峰客流量共计约 47 万人次，平均每小时运送乘客 15.6 万人次。

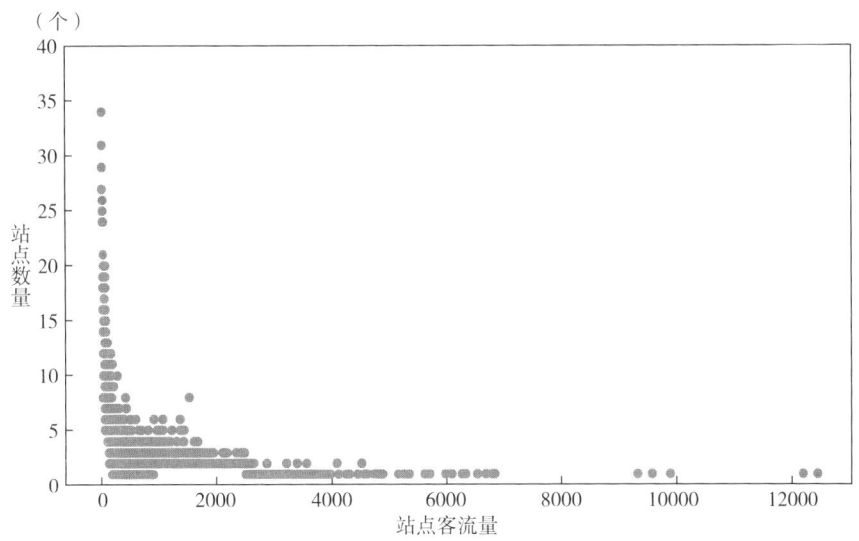

图 9-6　公交站点客流量分布

基于此网络结构和状态,按照前文所述站点调节机制对此网络进行仿真调整优化。

(一) 站点删除结果

基于高峰客流量所组成的网络,对各个站点连边权重之和进行统计,选取权重之和最小的40个站点组成待删除站点集。计算结果最小的十个站点见表9-2。从网络中删除集合中的所有站点,并依据站点删除方法,重新计算站点相邻连边权重,组成新的交通网络,并将其作为下一阶段增加站点的基础网络。

表9-2 部分待删除站点及其权重和

站名	连边权重和
十里河桥西	0.00074
群星路东口	0.00185
九龙花园北	0.00370
群星路西口	0.00444
黄寺总政大院	0.00982
群星路	0.01055
三环新城	0.01334
三环新城东	0.01408
芳古园北	0.01926
永定门东街	0.02445

(二) 站点新增结果

在站点删除后所构成的交通网络上,对网络中剩余站点间的连边权重进行统计,选取权重最大的40条连边所对应的站点对,组成待增加站点的站点对集合,其中权重最大的前10个站点对见表9-3。依据站点增加方法,依次插入新站点,并结合站点对相邻连边效率,计算新站点的连边权重,得到最终的网络结构。

表9-3 部分待增加站点的连边及其权重

站点名称	站点名称	原始连边权重
翠林小区	右安门外	35.1667

续表

站点名称	站点名称	原始连边权重
三路居	丽泽桥东	32.2333
木樨园桥东	木樨园桥西	18.4185
白石桥东	动物园	18.2984
木樨园桥西	洋桥西	16.3574
劲松中街	光明桥东	15.9972
三元桥东	四元桥西	15.8722
翠林小区	右安门外	35.1667
三路居	丽泽桥东	32.2333
紫竹桥	万寿寺	18.5111

(三) 站点调整的网络效率计算结果

对站点删除与增加后的网络重新计算全局效率。经计算，在没有改变网络节点总数的前提下，通过合理地调整部分站点，将网络效率整体提升到了3.13人/(路段·分)。在网络优化后，早高峰预计能运送乘客约48万人次，较改进前的初始状态整体运力提高了1万人次。考虑到本书分析的是处于工作日早高峰时期的北京市中心城区的公共交通网络效率，在路网车辆既定的条件下，仅通过优化部分公交站点实现整体运力提高1万人次，此仿真结果仍具有一定的优化效果及实际应用价值。

公交系统作为城市公共交通重要的组成部分，对其规划调整是一项涉及面广的任务，需要足够科学的方法和基础来支持决策。模型以大量的乘客刷卡数据为基础，从真实数据所反映出的问题中寻找突破口，科学合理地为交通智能化提供支撑。模型采用数据不受时段空间的约束，可以为不同地区的智能交通网络规划提供借鉴。刷卡数据与路线作为最基础且最具代表性的交通数据，承载了居民日常利用公共交通出行的特征，在交通系统中易获取。因此，虽然本书只对北京市中心城区的公交网络进行了仿真模拟优化，但此方法可以推广到其他城市，尤其是交通拥堵情况较为严重的大城市。将当地出行的数据与交通规划相融合，无疑是智能公交发展的重点方向之一。

学科发展视角下大数据分析在现代经济研究中的应用

第四节 复杂网络的应用总结及展望

一、复杂网络在交通经济中的应用

复杂网络的数学基础是图论和拓扑学。复杂网络的研究方式是利用网络结构，能够对真实复杂世界高度抽象，旨在了解和解释基于这些网络之上的系统运作方式，进而预测和控制网络系统的行为。复杂网络理论研究的两个核心问题是结构和功能。应用复杂网络一般要经过收集基于向量的数据集、数据预处理、向量数据转化为网络数据、构建模型等步骤。

由前文的文献梳理可知，复杂网络理论在当前交通运输研究中的运用，主要集中在利用实证方法分析各种交通网络的拓扑结构特性和基于拓扑结构的交通网络动力学分析（包括网络的演化和网络的可靠性、容错性和鲁棒性等预测网络系统的行为）两个方面。例如，网络的鲁棒性对应着当交通系统受到扰动时，系统是否还能正常运行；网络的连通性对应着交通系统的承载力，系统避免堵塞的可能性。相比于交通网络可能具有小世界特性或无标度特性，现有的实证研究一般表明，交通网络动力学分析对于优化交通网络、防备网络遭到攻击和破坏、防止交通拥堵和提高网络可靠性等都具有现实意义。

二、局限性与展望

不可否认的是，运用复杂网络理论研究交通网络也有其局限性：一是运用复杂网络理论研究交通网络只能实现事后控制或回馈性控制。这是由于交通网络是基于城市已有的交通基础设施所构建的，虽然可以预测一些网络行为，但并不能实现事前控制。二是交通网络结构会受到社会环境、乘客心理等因素的影响，而对于交通网络的研究还停留在地理空间层面，因此如何对社会环境和心理因素进行衡量是一大难题。三是复杂网络的部分理论并未完全成熟，虽然复杂网络已经较为广泛地应用于交通运输领域，但相对来说其在公路网和综合交通网络方面的应用还比较少。虽然也有学者曾通过复杂网络理论对中国公路、铁路、航空、水运的客运交通复合网络进行研究，但研究更倾向于比较这四种运输网络与复合网络的网络特性，没有进一步地深入设计和优化复合运输网络。例如，针对枢纽机场运营能力短缺问题，有学者提出了空铁联运网络设计，其研究证明了以高铁替代或补充现有的支线航班对于释放枢纽机场国内容量是可行的，但没有进一步深入研究高铁与民航网络的合作动力及具体的合作模式。

作为对未来研究方向的展望，交通经济和交通运输网络的研究还可以从以下方面进行思考：第一，从研究单一网络向研究复合多层耦合网络转化，应用新理论新方法。在现实生活中，为人们提供出行服务的是多种交通运输方式的组合，而非单一的某种交通运输方式。从前文的文献梳理可知，目前的已有研究大多是将多种交通运输方式割裂开来，只针对其中某一种交通网络进行研究，因此一个较新的视角就是对多种交通方式所构成的复合网络进行研究，通过将复合网络与数据科学进行结合，综合运用多源数据，建立涵盖更多现实条件的高维动态网络模型。复合网络研究相较于单一网络还存在着一些难点。例如，如何把不同交通方式所形成的单一交通网络统一并包络起来，使之成为一个整体的复合系统。另一个较新的视角在研究内容上，有关复合交通网络的研究除了考虑单一网络的问题，如基于实证分析的网络拓扑特性及网络的连通性、可靠性与鲁棒性等特性之外，还可以考虑一些复合网络所特有的问题（复合网络受环境、顾客心理等的影响；复合网络与子网络、子网络与子网络之间的关系与功能比较；复合的交通网络内部存在怎样的竞争，是否有合作的空间与合作的动力，如何合作等）。

第二，从单纯计算网络的拓扑特征值向研究临界值转化，提高模型的真实性、可行性。要说明交通网络是否符合小世界网络特征和无标度特性，往往需要计算许多拓扑统计量。但是，怎样的拓扑特征值对于交通运输网络而言才是最理想的，这些拓扑统计量中是否存在一个评判交通网络优劣的临界值，这些问题值得进一步思考。

第三，关键节点挖掘，以节点与边为主的研究可以转向以网络上粒子为核心的研究。若令复杂网络的节点为粒子的居留场所，节点间的连边为粒子运动的轨道，在各节点上随机放一些粒子，使其按照一定的规则运动时，粒子在网络上的运动就是某种扩散过程。在交通运输网络中，粒子是旅客，节点与边一般代表站点与路线（或机场与航线）。已有文献大多基于节点与边所构成的复杂网络的拓扑特性研究其可靠性、连通性、鲁棒性及结构优化，而鲜少以粒子为主进行研究。如果从粒子（即旅客）的行为出发，研究粒子的传输与扩散，便可从微观视角补充解释交通经济现象。

参考文献

[1] Albert-László Barabási, Réka Albert. Emergence of Scaling in Random Networks [J]. Science, 1999, 286 (5439): 509-512.

[2] Antweiler W, Frank M. Is All That Talk Just Noise? The Information Content of Internet Stock Message Boards [J]. Journal of Finance, 2004, 59 (3): 1259-1294.

[3] Arifovic J K. A Learning by Doing vs. Learning from Others in a Principal-Agent Model [J]. Journal of Economic Dynamics & Control, 2010, 34 (10): 1967-1992.

[4] Arthur W B, Holland J H, Lebaron B, et al. Asset Pricing under Endogenous Expectations in an Artificial Stock Market [J]. Economic Notes, 1996, 26 (2): 1487-1516.

[5] Athey S G, Imbens W. The State of Applied Econometrics: Causality and Policy Evaluation [J]. The Journal of Economic Perspectives, 2017, 31 (2): 332.

[6] Athey S. Beyond Prediction: Using Big Data for Policy Problems [J]. Science, 2017, 355 (6324): 483-485.

[7] Azqueta-Gavaldón A. Developing News-Based Economic Policy Uncertainty Index with Unsupervised Machine Learning [J]. Economics Letters, 2017 (158): 47-50.

[8] Bajari P, Nekipelov D, Ryan S P, et al. Machine Learning Methods for Demand Estimation [J]. American Economic Review, 2015, 105 (5): 481-485.

[9] Barboza F, Kimura H, Altman E. Machine Learning Models and Bankruptcy Prediction [J]. Expert Systems with Applications, 2017 (83): 405-417.

[10] Black F. The Trouble with Econometric Models [J]. Financial Analyst

Journal, 1982 (38): 29-37.

[11] Blaug M. The Methodology of Economics: How Economists Explain [M]. Cambridge: Cambridge University Press, 1992.

[12] Breiman L. Random Forests [J]. Machine Learning, 2001, 45 (1): 5-32.

[13] Bruun C. Agent-Based Computational Economics-An Introduction [J]. Artificial Life, 2002, 8 (1): 55.

[14] Butaru F, Chen Q Q, Clark B. Risk and Risk Management in the Credit Card Industry [J]. Journal of Banking & Finance, 2016 (72): 218-239.

[15] Cavallo A, Rigobon R. The Billion Prices Project: Using Online Prices for Measurement and Research [J]. Journal of Economic Perspectives, 2016, 30 (2): 151-178.

[16] Chernozhukov B V, Hansen C. High-Dimensional Methods and Inference on Structural and Treatment Effects [J]. Journal of Economic Perspectives, 2014, 28 (2): 29-50.

[17] Cho Y S, Song C M, Oh I B, et al. Incremental Weighted Mining Based on RFM Analysis for Recommending Prediction in U-Commerce [J]. International Journal of Smart Home, 2013, 7 (6): 133-144.

[18] Cleveland W S. Robust Local Weighted Regression and Smoothing Scatter plot [J]. Journal of the American Statistical Association, 1979 (74): 829-836.

[19] Coase R H, Fowler R F F. The Pig-Cycle in Great Britain: An Explanation [J]. Economia, 1937 (4): 55-82.

[20] Cortes C, Vapnik V. Support-Vector Networks [J]. Machine Learning, 1995, 20 (3): 273-297.

[21] Creamer G, Freund Y. Automated Trading with Boosting and Expert Weighting [J]. Quantitative Finance, 2010, 10 (4): 401-420.

[22] Crucitti P, Latora V, Marchiori M. Locating Critical Lines in High-Voltage Electrical Power Girds [R]. 2005.

[23] Das S R, Chen M Y. Yahoo! for Amazon: Sentiment Extraction from Small

Talk on the Web [J]. Management Science, 2007, 53 (9): 1375-1388.

[24] Debreu G. Economic Theory in a Mathematical Mode [J]. American Economic Review, 1984, 74 (3): 267-278.

[25] Dolfin M, Lachowicz M. Modeling Opinion Dynamics: How the Network Enhances Consensus [R]. 2015.

[26] Dorogovtsev S N, Goltsev A V, Mendes J F. Critical Phenomena in Complex Networks [J]. Reviews of Modern Physics, 2008, 80 (4): 1275.

[27] Estivill-Castro V. Why So Many Clustering Algorithms – A Position Paper [J]. SIGKDD Explorations, 2002, 1 (4): 65-75.

[28] Fisher F M. Dynamic Structure and Estimation in Economy-Wide Econometric Models [R]. 1965.

[29] Freund Y, Schapire R. A Short Introduction to Boosting [J]. Journal of Japanese Society for Artificial Intelligence, 1999, 14 (5): 771-780.

[30] Friedman M. The Methodology of Positive Economics [M] //Milton Friedman. Essays on Positive Economics. Chicago: Chicago University Press, 1953.

[31] Ganivada A, Sankar K P. A Novel Fuzzy Rough Granular Neural Network for Classification [J]. International Journal of Computational Intelligence Systems, 2011, 4 (5): 1042-1051.

[32] Gantz J, Reinsel D. The Digital Universe in 2020: Big Data, Bigger Digital Shadows, and Biggest Growth in the Fareast [J]. IDC iView: IDC Analyze the Future, 2012, 2007 (2012): 1-16.

[33] Gilbert C L, Qin D. The First Fifty Years of Modern Econometrics [R]. 2005.

[34] Goodfellow I J, Pouget-Abadie J, Mirza M, et al. Generative Adversarial Nets [R]. 2014.

[35] Goutsias J, Jenkinson G. Markovian Dynamics on Complex Reaction Networks [J]. Physics Reports, 2013, 529 (2): 199-264.

[36] Guo H, Gelfand S B. Classification Trees with Neural Network Feature Extraction [J]. IEEE Transactions on Neural Networks, 1992, 3 (6): 923-933.

[37] Gupta R, Pierdzioch C, Risse M. On International Uncertainty Links: BART-Based Empirical Evidence for Canada [J]. Economics Letters, 2016 (143): 24-27.

[38] Haavelmo T. The Probability Approach in Econometrics [J]. Econometrica, 1944 (12): 1-115.

[39] Haavelmo T. The Statistical Implications of a System of Simultaneous Equations [J]. Econometrica, 1943, 11 (1): 1-12.

[40] Hausman D M. Capital, Profits and Prices: An Essay in the Philosophy of Economics [M]. New York: Columbia University Press, 1981.

[41] Hendtry D F. Econometrics-Alchemy or Science? [J]. Economica, 1980 (47): 387-406.

[42] Hinton G E, Salakhutdinov R R. Reducing the Dimensionality of Data with Neural Networks [J]. Science, 2006, 313 (5786): 504-507.

[43] Intriligator M D. Econometric Models, Techniques, and Applications [M]. Englewood Cliffs, NJ: Prentice-Hall, 1978.

[44] Jiang B, Claramunt C. Topological Analysis of Urban Street Networks [J]. Environment and Planning B: Planning and Design, 2004, 31 (1): 151-162.

[45] Joachims T. Text Classification with Support Vector Machines: Learning with Many Relevant Features [R]. 1998.

[46] Jordán F, Scheuring I. Searching for Keystones in Ecological Networks [J]. Oikos, 2002, 99 (3): 607-612.

[47] Kenneth A J, Michael I D. Handbook of Mathematical Economics [M]. Amsterdam: North-Holland, 1987.

[48] Keynes J N. The Scope and Method of Political Economy [M]. London: Macmillan, 1891.

[49] Khandani A E, Kim A J, Lo A W. Consumer Credit-Risk Models via Machine-Learning Algorithms [J]. Journal of Banking & Finance, 2010, 34 (11): 2767-2787.

[50] Kitsak M, Gallos L K, Havlin S, et al. Identification of Influential Spread-

ers in Complex Networks [J]. Nature Physics, 2010, 6 (11): 888-893.

[51] Klein L R. Economic Fluctuations in the United States, 1921-1941: Cowles Commission Monograph 11 [M]. New York: Wiley, 1950.

[52] Kleinberg J, Ludwig J, Mullaianthan S, et al. Prediction Policy Problems [J]. American Economic Review, 2015, 105 (5): 491-495.

[53] Koopmans T C. Three Essays on the State of Economic Science [M]. New York: McGraw-Hill, 1957.

[54] Koopmans T G. Identification Problems in Economic Model Construction [J]. Econometrica, 1949, 17 (2): 125-144.

[55] Krizhevsky A, Sutskever I, Hinton G E. Image Net Classification with Deep Convolutional Neural Networks [R]. 2012.

[56] Kuncheva L I. Combining Pattern Classifiers: Methods and Algorithms [J]. Technometrics, 2005, 47 (4): 517-518.

[57] Kurant M, Patrick T. Extraction and Analysis of Traffic and Topologies of Transportation Networks [J]. Physical Review, E. Statistical, Nonlinear, and Soft Matter Physics, 2006, 74 (3): 6114-6124.

[58] Lane D A. Artificial Worlds and Economics, Part I [J]. Journal of Evolutionary Economics, 1993, 3 (2): 89-107.

[59] Lazer D, Kennedy R, King G, et al. The Parable of Google Flu: Traps in Big Data Analysis [J]. Science, 2014, 343 (6176): 1203-1205.

[60] Leamer E E. Let's Take the Con Out of Econometrics [J]. American Economic Review, 1983 (73): 31-43.

[61] Lehfeldt R A. The Elasticity of Demand for Wheat [J]. Economic Journal, 1914 (24): 212-217.

[62] Li B, Zhao P, Hoi S C H, et al. PAMR: Passive Aggressive Mean Reversion Strategy for Portfolio Selection [J]. Machine Learning, 2012 (87): 221-258.

[63] Li F. The Information Content of Forward-Looking Statements in Corporate Filings: A Naive Bayesian Machine Learning Approach [J]. Journal of Accounting Research, 2010, 48 (5): 1049-1102.

[64] Li K, Niskanen J, Kolehmainen M. Financial Innovation: Credit Default Hybrid Model for SME Lending [J]. Expert Systems with Applications, 2016 (61): 343-355.

[65] Lieberthal B E, Portugali J. Network Cities: A Complexity-Network Approach to Urban Dynamics and Development [M] // Jiang B, Yao X. Geospatial Analysis and Modelling of Urban Structure and Dynamics. Berlin: Springer, 2010.

[66] Lin H T, Lin C J, Weng R C. A Note on Platt's Probabilistic Outputs for Support Vector Machines [J]. Machine Learning, 2007, 68 (3): 267-276.

[67] Lv L Y, Medo M, Yeung C H, et al. Recommender Systems [J]. Physics Reports, 2012, 519 (1): 1-49.

[68] Mantrach A, Yen L, Callut J, et al. The Sum-over-Paths Covariance Kernel: A Novel Covariance Measure between Nodes of a Directed Graph [J]. IEEE Transactions on Pattern Analysis and Machine Intelligence, 2010, 32 (6): 1112-1126.

[69] Marschak J. Statistical Inference in Economics: An Introduction [M] // Koopmans T C. Statistical Inference in Dynamic Economic Models. New York: Wiley, 1950.

[70] Mashey J R. Big Data and the Next Wave of infraStress [M]. Berkeley: University of California, 1997.

[71] Mill J S. Essays on Some Unsettled Questions of Political Economy [M]. Reprinted Bristol: Thoemmes Press, 1992.

[72] Milo R, Itzkovitz S, Kashtan N, et al. Superfamilies of Evolved and Designed Networks [J]. Science, 2004, 303 (5663): 1538-1543.

[73] Moore H L. A Moving Equilibrium of Demand and Supply [J]. Quarterly Journal of Economics, 1925 (39): 357-371.

[74] Mullaninathan S, Spiess J. Machine Learning: An Applied Econometric Approach [J]. Journal of Economic Perspectives, 2017, 31 (2): 87-106.

[75] Murodovna Z M. Features of the Use of Blockchain Technology in the Economy [J]. IEEE Journal of the Electron Devices Society, 2022 (1): 109-111.

[76] Nadaraya R A. On Estimating Regression [J]. Theory of Probability and Its Applications, 1964 (9): 141-142.

[77] Nazemi A, Fatemipour F, Konstantin H. Fuzzy Decision Fusion Approach for Loss-Given-Default Modeling [J]. European Journal of Operational Research, 2017 (262): 780-791.

[78] Parzen E. On Estimation of a Probability Density and Mode [J]. Annals of Mathematical Statistics, 1962 (33): 1065-1076.

[79] Persons W M. Indices of Business Conditions [J]. Review of Economic Studies, 1919 (1): 5-110.

[80] Phillips P C B. Laws and Limits of Econometrics [J]. Economic Journal, 2003, 113 (486): 26-52.

[81] Qiu J, Lin Z, Li Y. Predicting Customer Purchase Behavior in the E-Commerce Context [J]. Electronic Commerce Research, 2015, 15 (4): 427-452.

[82] Quinlan J R. Induction of Decision Trees [J]. Machine Learning, 1986, 1 (1): 81-106.

[83] Robinson J. Economic Philosophy [M]. London: C. A. Watts, 1962.

[84] Rosenberg A. Microeconomic Laws: A Philosophical Analysis [M]. Pittsburgh: University of Pittsburgh Press, 1976.

[85] Rosenblatt F. The Perceptron: A Probabilistic Model for Information Storage and Organization in the Brain [J]. Psychological Review, 1958, 65 (6): 386.

[86] Rosenblatt M. Remark on Some Nonparametric Estimate of Density Function [J]. Annals of Mathematical Statistics, 1956 (27): 642-669.

[87] Rumelhart D E, Hinton G E, Williams R J. Learning Internal Representation by Error Propagation [M] //Terry Rooker. Neurocomputing: Foundations of Research. Cambridge, MA: MIT Press, 1988.

[88] Samuelson P A. Problems of Methodology-Discussion [J]. American Economic Review, 1963 (53): 231-236.

[89] Schmittlein D C, Peterson R A. Customer Base Analysis: An Industrial Purchase Process Application [J]. Marketing Science, 1994, 13 (1): 41-67.

[90] Senior N. An Outline of the Science of Political Economy [M]. Reprinted London: LSE, 1836.

[91] Sharav N, Bekhor S, Shiftan Y. Network Analysis of the Tel Aviv Mass Transit Plan [J]. Urban Rail Transit, 2018, 4 (1): 23-34.

[92] Sienkiewicz J, Holyst J A. Public Transport Systems in Poland: From Bialystok to Zielona Gora by Bus and Tram Using Universal Statistics of Complex Networks [J]. Acta Physica Polonica B, 2005 (36): 1771-1778.

[93] Sims C A. Macroeconomics and Reality [J]. Econometrica, 1980 (48): 1-48.

[94] Stock J H. The Other Transformation in Econometric Practice: Robust Tools for Inference [J]. Journal of Economic Perspectives, 2010, 24 (2): 83-94.

[95] Stone C J. Consistent Nonparametric Regression [J]. Annals of Statistics, 1977 (3): 267-284.

[96] Suits D B. Forecasting and Analysis with and Econometric Model: Comment [J]. American Economic Review, 1966, 56 (5): 1241-1248.

[97] Ticknor J L. A Bayesian Regularized Artificial Neural Network for Stock Market Forecasting [J]. Expert Systems with Applications, 2013, 40 (14): 5501-5506.

[98] Tolle K M, Tansley D, Stewart W, et al. The Fourth Paradigm: Data-Intensive Scientific Discovery [J]. Proceedings of the IEEE, 2011, 99 (8): 1334-1337.

[99] Valavanis-Vail S. An Econometric Model of Growth: U.S.A., 1869-1953 [J]. American Economic Review, 1955, 45 (2): 208-221.

[100] Varian Hal R. Big Data: New Tricks for Econometrics [J]. Journal of Economic Perspectives, 2014, 28 (2): 3-28.

[101] Watson G S. Smooth Regression Analysis [J]. Sankhya, Seies A, 1964 (26): 359-372.

[102] Watts D J, Strogatz S H. Collective Dynamics of "Small-World" Networks [J]. Nature, 1998, 393 (6684): 440-442.

[103] Wold H. Causality and Econometrics [J]. Econometrica, 1954, 22 (2): 162-177.

[104] Working H. Differential Price Behavior as a Subject for Commodity Price Analysis [J]. Econometrica, 1935 (3): 416-427.

[105] Zhou Z H. Rule Extraction: Using Neural Networks or for Neural Networks? [J]. Journal of Computer Science and Technology, 2004, 19 (2): 249-253.

[106] 阿尔弗雷德·马歇尔. 经济学原理（上）[M]. 朱志泰, 译. 北京: 商务印书馆, 1964.

[107] 安托万·多迪默, 让·卡尔特里耶. 经济学正在成为硬科学吗? [M]. 张增一, 译. 北京: 经济科学出版社, 2002.

[108] 保尔·拉法格. 回忆马克思恩格斯 [M]. 北京: 人民出版社, 1957: 93.

[109] 蔡宁, 吴结兵, 殷鸣. 产业集群复杂网络的结构与功能分析 [J]. 经济地理, 2006 (3): 378-382.

[110] 陈锐, 王宁宁, 赵宇, 等. 基于改进重力模型的省际流动人口的复杂网络分析 [J]. 中国人口·资源与环境, 2014 (10): 104-113.

[111] 陈庭强, 何建敏. 基于复杂网络的信用风险传染模型研究 [J]. 中国管理科学, 2014 (11): 1-10.

[112] 陈长坤, 纪道溪. 基于复杂网络的台风灾害演化系统风险分析与控制研究 [J]. 灾害学, 2012 (1): 1-4.

[113] 丹尼尔·豪瑟, 罗卫东, 范良聪, 等. 实验经济学的兴起、发展及其在中国的应用前景 [J]. 浙江大学学报（人文社会科学版）, 2012 (4): 37-46.

[114] 大卫·李嘉图. 政治经济学及赋税原理 [M]. 周洁, 译. 北京: 华夏出版社, 2013.

[115] David F. Hendry, 秦朵. 动态经济计量学 [M]. 上海: 上海人民出版社, 1998.

[116] 丹尼尔·豪斯曼. 经济学的哲学 [M]. 丁建峰, 译. 上海: 上海人民出版社, 2007.

[117] 丁明, 韩平平. 加权拓扑模型下的小世界电网脆弱性评估 [J]. 中国电机工程学报, 2008 (10): 20-25.

[118] 董本清, 彭健钧. 复杂网络数据流中的异常数据挖掘算法仿真

[J]. 计算机仿真,2016(1):434-437.

[119] 凡勃仑. 有闲阶级论[M]. 蔡受百,译. 北京:商务印书馆,2004.

[120] 范如国,叶菁,杜靖文. 基于Agent的计算经济学发展前沿:文献综述[J]. 经济评论,2013(2):145-150.

[121] 方匡南,吴见彬,朱建平,等. 信贷信息不对称下的信用卡信用风险研究[J]. 经济研究,2010(S1):97-107.

[122] 弗兰克·N. 马吉尔. 经济学百科全书[M]. 吴易风,译. 北京:中国人民大学出版社,2009.

[123] 弗里德里希·冯. 哈耶克. 复杂现象论. 经济、科学与政治:哈耶克论文演讲集[M]. 冯克利,译. 南京:江苏人民出版社,2003.

[124] 傅耀,颜鹏飞. 西方经济学方法论的演变和最新发展[J]. 国外社会科学,2003(2):24-31.

[125] 高中华,李满春,陈振杰,等. 城市道路网络的小世界特征研究[J]. 地理与地理信息科学,2007(4):97-101.

[126] 高自友,吴建军,毛保华,等. 交通运输网络复杂性及其相关问题的研究[J]. 交通运输系统工程与信息,2005(2):79-84.

[127] 顾亦然,朱梓嫣. 基于LeaderRank和节点相似度的复杂网络重要节点排序算法[J]. 电子科技大学学报,2017(2):441-448.

[128] 郭平,王可,罗阿理,等. 大数据分析中的计算智能研究现状与展望[J]. 软件学报,2015(11):3010-3025.

[129] 韩闻文. 基于社会化媒体的观点和行为挖掘研究[D]. 北京:北京邮电大学博士学位论文,2014.

[130] 韩忠明,吴杨,谭旭升,等. 面向结构洞的复杂网络关键节点排序[J]. 物理学报,2015(5):429-437.

[131] 韩忠明,陈炎,刘雯,等. 社会网络节点影响力分析研究[J]. 软件学报,2017(1):84-104.

[132] 洪永淼. 计量经济学的地位、作用和局限[J]. 经济研究,2007(5):139-153.

[133] 胡一竑,吴勤旻,朱道立,等. 城市道路网络的拓扑性质和脆弱性分

析 [J]. 复杂系统与复杂性科学, 2009 (3): 69-76.

[134] 黄解军, 潘和平, 万幼川. 数据挖掘技术的应用研究 [J]. 计算机工程与应用, 2003 (2): 45-48.

[135] 约翰·肯尼思·加尔布雷斯. 经济学和公共目标 [M]. 于海生, 译. 北京: 商务印书馆, 1980.

[136] 贾根良, 徐尚. 经济学数学形式主义的哲学基础及其缺陷 [J]. 教学与研究, 2008 (12): 52-58.

[137] 贾根良, 徐尚. 经济学怎样成了一门"数学科学"[J]. 南开学报(哲学社会科学版), 2005 (5): 108-115.

[138] 蒋幼龄, 邹忠毅, 陈钰翔. 台湾都市街道网络的标度性质 [J]. 应用物理, 2012 (2): 41-49.

[139] 杰弗瑞·M. 霍奇逊. 经济学是如何忘记历史的 [M]. 高伟, 等译. 北京: 中国人民大学出版社, 2008.

[140] 康芒斯. 制度经济学 [M]. 于树生, 译. 北京: 商务印书馆, 2009.

[141] 罗纳德·G. 博德金, 劳伦斯·R. 克莱因, 肯塔·玛瓦. 宏观经济计量模型史 [M]. 李善同, 译. 北京: 中国财政经济出版社, 1993.

[142] 劳汉生. 经济数学的历史脉络 [J]. 自然辩证法通讯, 1990 (5): 55-61.

[143] 冷炳荣, 杨永春, 李英杰, 等. 中国城市经济网络结构空间特征及其复杂性分析 [J]. 地理学报, 2011 (2): 199-211.

[144] 李树彬, 吴建军, 高自友, 等. 基于复杂网络的交通拥堵与传播动力学分析 [J]. 物理学报, 2011 (5): 146-154.

[145] 李斯特. 政治经济学的国民体系 [M]. 陈万熙, 译. 北京: 商务印书馆, 1961.

[146] 李子奈, 齐良书. 计量经济学模型的功能与局限 [J]. 数量经济技术经济研究, 2010 (9): 133-146.

[147] 李子奈, 叶阿忠. 高级应用计量经济学 [M]. 北京: 清华大学出版社, 2012.

[148] 刘超, 徐君慧, 周文文. 中国金融市场的风险溢出效应研究: 基于溢

出指数和复杂网络方法[J].系统工程理论与实践,2017(4):831-842.

[149] 莱昂·瓦尔拉斯.纯粹经济学要义[M].蔡受百,译.北京:商务印书馆,1989.

[150] 刘刚,李永树.基于引力场理论的复杂网络路由选择策略研究[J].物理学报,2012(24):556-565.

[151] 刘群,易佳.基于演化博弈的社交网络模型演化研究[J].物理学报,2013(23):463-471.

[152] 刘涛雄,徐晓飞.互联网搜索行为能帮助我们预测宏观经济吗?[J].经济研究,2015(12):68-83.

[153] 刘晓光,刘晓峰.计算经济学研究新进展:基于Agent的计算经济学透视[J].经济学动态,2003(11):58-61.

[154] 路德维希·冯·米塞斯.货币、方法和市场过程[M].戴忠玉,刘亚平,译.北京:新星出版社,2007.

[155] 刘莹.复杂性视角下我国家庭金融行为及危机防范研究[D].长沙:湖南师范大学博士学位论文,2019.

[156] 罗杰·E.巴克豪斯.经济学方法论的新趋势[M].张大宝,等译.北京:经济科学出版社,2000.

[157] 马克·布劳格.经济理论的回顾[M].姚开建,译.北京:中国人民大学出版社,2009.

[158] 马克·布劳格.经济学方法论[M].石士钧,译.北京:商务印书馆,1992.

[159] 门格尔.国民经济学原理[M].刘絜敖,译.上海:上海人民出版社,1959.

[160] 米尔顿·弗里德曼.最优货币量[M].杜丽群,译.北京:华夏出版社,2012.

[161] 路德维希·冯·米塞斯.人类行为的经济学分析[M].黄丽丽,译.广州:广东经济出版社,2010.

[162] 钱颖一.理解现代经济学[J].经济社会体制比较,2002(S1):1-8.

[163] 乔治·斯蒂格勒.价格理论[M].李青原,等译.北京:北京经济

学院出版社，1990.

[164] 秦李，杨子龙，黄曙光. 复杂网络的节点重要性综合评价 [J]. 计算机科学，2015 (2)：60-64.

[165] 邱斌，叶龙凤，孙少勤. 参与全球生产网络对我国制造业价值链提升影响的实证研究：基于出口复杂度的分析 [J]. 中国工业经济，2012 (1)：57-67.

[166] 任卓明，刘建国，邵凤，等. 复杂网络中最小 K-核节点的传播能力分析 [J]. 物理学报，2013 (10)：474-479.

[167] 舒方，马少辉. 客户重复购买的组合预测方法 [J]. 计算机与现代化，2015 (5)：67-70.

[168] 司夏萌，刘云，丁飞，等. 具有社团结构的有界信任舆论涌现模型研究 [J]. 系统仿真学报，2009 (23)：7644-7647.

[169] 斯坦利·杰文斯. 政治经济学理论 [M]. 郭大力，译. 北京：商务印书馆，1984.

[170] 孙存一，龚六堂. 大数据思维下的利率定价研究：以机器学习为视角的实证分析 [J]. 金融理论与实践，2017 (7)：1-5.

[171] 孙睿，罗万伯. 网络舆论中节点重要性评估方法综述 [J]. 计算机应用研究，2012 (10)：3606-3608+3628.

[172] 谭跃进，吴俊，邓宏钟. 复杂网络中节点重要度评估的节点收缩方法 [J]. 系统工程理论与实践，2006 (11)：79-83+102.

[173] 唐·埃思里奇. 应用经济学研究方法论 [M]. 朱钢，译. 北京：经济科学出版社，1998.

[174] 唐芙蓉，杨先清，唐刚，等. 中国铁路交通网络的拓扑研究及客流分析 [J]. 中国矿业大学学报，2010 (6)：935-940.

[175] 托马斯·卡里尔. 智慧资本：从诺奖读懂世界经济思想史 [M]. 钟晓华，译. 北京：中信出版社，2016.

[176] 托尼·劳森. 回到现实 [M] //爱德华·富布鲁克. 经济学的危机：经济学改革国际运动最初 600 天. 贾根良，译. 北京：高等教育出版社，2004.

[177] 王辉，韩江洪，邓林，等. 基于移动社交网络的谣言传播动力学研究

[J]．物理学报，2013（11）：106-117．

［178］王甲生，吴晓平，廖巍，等．改进的加权复杂网络节点重要度评估方法［J］．计算机工程，2012（10）：74-76．

［179］王姣娥，莫辉辉，金凤君．中国航空网络空间结构的复杂性［J］．地理学报，2009（8）：899-910．

［180］王林，张婧婧．复杂网络的中心化［J］．复杂系统与复杂性科学，2006（1）：13-20．

［181］王美今，林建浩．计量经济学应用研究的可信性革命［J］．经济研究，2012（2）：120-132．

［182］王少平，胡军．考尔斯基金会对计量经济学的贡献［J］．经济学动态，2013（2）：88-96．

［183］王先培，朱国威，贺瑞，等．复杂网络理论在电力 CPS 连锁故障研究中的应用综述［J］．电网技术，2017（9）：2947-2956．

［184］王晓枫，廖凯亮，徐金池．复杂网络视角下银行同业间市场风险传染效应研究［J］．经济学动态，2015（3）：71-81．

［185］王钰楠，杨境非，何也帅，等．基于复杂网络理论的主动配电网多级运行风险快速评估［J］．电力系统自动化，2016（14）：65-71．

［186］王志伟．新编经济学思想史（第七卷）［M］．北京：经济科学出版社，2016．

［187］王志伟．新自由主义经济学中的方法论差异：弗里德曼与哈耶克［J］．社会科学研究，2008（4）：86-93．

［188］威廉·配第．政治算术［M］．陈东野，译．北京：商务印书馆，1987．

［189］维克塞尔．利息与价格［M］．蔡受百，等译．北京：商务印书馆，1959．

［190］维克托·迈尔·舍恩伯格，肯尼斯·库克耶．大数据时代［M］．盛杨燕，周涛，译．杭州：浙江人民出版社，2013．

［191］翁文国，倪顺江，申世飞，等．复杂网络上灾害蔓延动力学研究［J］．物理学报，2007（4）：1938-1943．

［192］吴国华，潘德惠．顾客购买行为影响因素分析及重购概率的预测［J］．管理工程学报，2005（1）：104-107．

[193] 熊会会. 基于复杂网络的微博客信息传播机制研究 [D]. 广州：华南理工大学硕士学位论文, 2012.

[194] 徐凤, 朱金福, 杨文东. 复杂网络在交通运输网络中的应用研究综述 [J]. 复杂系统与复杂性科学, 2013 (1)：18-25.

[195] 许和连, 孙天阳, 成丽江. "一带一路"高端制造业贸易格局及影响因素研究：基于复杂网络的指数随机图分析 [J]. 财贸经济, 2015 (12)：74-88.

[196] 亚当·斯密. 国富论 [M]. 郭大力, 王亚南, 译. 上海：上海三联书店, 2009.

[197] 晏智杰. 西方经济学说史教程（第二版）[M]. 北京：北京大学出版社, 2013.

[198] 杨国梁, 张新新, 杨慧敏. 基于支持向量机的套期保值技术研究 [J]. 中央财经大学学报, 2010 (3)：28-32.

[199] 杨迎辉, 李建华, 沈迪, 等. 多重边融合复杂网络动态演化模型 [J]. 西安交通大学学报, 2016 (9)：132-139.

[200] 叶彭姚. 城市道路网拓扑结构的复杂网络特性研究 [J]. 交通运输工程与信息学报, 2012 (1)：13-19+30.

[201] 尤瓦尔·赫拉利. 人类简史 [M]. 林俊宏, 译. 北京：中信出版社, 2014.

[202] 俞立平. 大数据与大数据经济学 [J]. 中国软科学, 2013 (7)：177-183.

[203] 袁溦清, 王刚. 区块链技术与数据挖掘技术对数字经济发展的推动作用研究 [J]. 西安财经大学学报, 2022 (4)：54-64.

[204] 约翰·梅纳德·凯恩斯. 就业、利息和货币通论 [M]. 何畏, 等译. 北京：商务印书馆, 1999.

[205] 约翰·内维尔·凯恩斯. 政治经济学的范围与方法 [M]. 党国英, 译. 北京：华夏出版社, 2001.

[206] 约翰·斯图亚特·穆勒. 政治经济学原理 [M]. 金镝, 金熠, 译. 北京：华夏出版社. 2017.

[207] 约瑟夫·熊彼特. 经济分析史（第三卷）[M]. 朱泱, 译. 北京: 商务印书馆, 2015.

[208] 曾国安. 不能从一个极端走向另一个极端：关于经济学研究方法多元化问题的思考[J]. 经济评论, 2005（2）: 74-85.

[209] 张金清, 李徐. 经济学中的"数学困惑"及其解析[J]. 经济学家, 2007（3）: 29-37.

[210] 张晋, 梁青槐, 贺晓彤. 北京市地铁网络拓扑结构复杂性研究[J]. 北京交通大学学报, 2013（6）: 78-84.

[211] 张宁, 范崇睿, 张岩. 一种基于RFM模型的新型协同过滤个性化推荐算法[J]. 电信科学, 2015（9）: 103-111.

[212] 张守凯. 诺贝尔经济学奖颁奖词与获奖演说全集[M]. 杭州: 浙江工商大学出版社, 2014.

[213] 张文修. 经济学研究与数学方法[J]. 当代经济科学, 2002（1）: 54-58.

[214] 张喜平, 刘永树, 刘刚. 节点重要度贡献的复杂网络节点重要度评估方法[J]. 复杂系统与复杂性科学, 2014（3）: 26-32+49.

[215] 赵国锋, 范少伟, 慈玉生. 城市路网的复杂网络特性和鲁棒性研究[J]. 公路交通科技, 2016（1）: 119-124+146.

[216] 赵西亮. 基本有用的计量经济学[M]. 北京: 北京大学出版社, 2017.

[217] 周志华. 机器学习[M]. 北京: 清华大学出版社, 2016.

[218] 祝歆, 刘潇蔓, 陈树广, 等. 基于机器学习融合算法的网络购买行为预测研究[J]. 统计与信息论坛, 2017（12）: 94-100.